अंबुधि में पसरा है आकाश

जोशना बैनर्जी आडवानी

युवा वाणी

वाणी प्रकाशन

वाणी प्रकाशन

4695, 21-ए, दरियागंज, नयी दिल्ली 110 002

फ़ोन : +91 11 23273167 फ़ैक्स : +91 11 23275710

शाखाएँ

अशोक राजपथ, पटना 800 004, बिहार

कॉफ़ी हाउस कैम्पस, महात्मा गांधी मार्ग, इलाहाबाद 211 001, उत्तर प्रदेश

महात्मा गांधी अन्तरराष्ट्रीय हिन्दी विश्वविद्यालय, वर्धा 442 001, महाराष्ट्र

सुल्तानिया रोड, मोतिया पार्क, भोपाल 462 001, मध्य प्रदेश

www.vaniprakashan.com
marketing@vaniprakashan.in
sales@vaniprakashan.in

Ambudhi Mein Pasara Hai Aakash
by Joshana Banerjee Advani

ISBN : 978-93-5518-056-8
Poetry Collection

प्रथम संस्करण 2022

मूल्य : ₹ 599

आर. टेक ऑफ़सेट प्रिंटर्स, दिल्ली-110032 में मुद्रित

वाणी प्रकाशन का लोगो मक़बूल फ़िदा हुसेन की कूची से

"यथाक्रम चलने वाले दिन–रात में,
कंटकाकीर्ण जीवन पथ में,
आद्योपान्त देवों में,

तुम्हारा मिलना
संयोग नहीं"

आत्मकथ्य

पृथ्वी की देह पर बालू और सरपतों से गुज़रते हुए कई घाट, गिरी, देवल, करील, छीमियाँ, वृक्ष और खेत पार करता हुआ मन उसी जगह ठहरता है जहाँ दारुण दुःख के समय में दो मन अलग हुए थे, दुःख इतना कि पक्षी की चोंच में दबा तिनका भी मन को शान्त न कर सके, भूख इतनी रही कि भात के चार दाने दानव लगते, देव सारे मेरे ही बिस्तर पर सोते मिले, आरसी उपहास करती थी, परितृप्ति कौन देता?

कौन देता कविताएँ, कौन सिखा सकता था परमार्थ, कौन गिराता अनाजों का मूल्य, कौन जगाता टीमटाम की ललक, सूती साड़ी की साज देख कौन पूछता ये साड़ी कहाँ से ली?

ये मन किंकिणी बन चुका है, स्मृतियों की छुअन इसे हिला देती है, इसके हिलते ही हिलती है समूची पृथ्वी, हिलता है देह का ताप, दन्त पंक्ति टिटकारती है और छिन जाती है कविता लिखने की मुकुलित कला।

कितने क्षरण जीवन में वृष्टि की तरह गिरे। क्षरण की भी अपनी एक लालिमा है, यह क्षरण न होते तो क्लान्त मुख वाला समुद्र और लांछनरहित चन्द्रमा एक ही लगते। रोटी और जल में कोई अधिक अन्तर न होता। पिपीलिका और बाघिनी बहनें लगतीं और देव सारे पड़ोसी ही लगते। मेरे पास बहुत सारी पंक्तियाँ हैं।

पंक्ति की एक चादर है, पंक्ति से बनी एक छतरी है, मैं समय को पंक्तियों से ही काट रही हूँ। मुझे प्रत्येक उपदिशाओं में मनुष्य नहीं, पंक्तियाँ दिखती हैं। क्यों नहीं मनुष्य निन्दा छोड़ पत्र लिखते।

अतिवृष्टि के लिए पत्र चाहिए। शीत, ताप, धनहानि, रोग के लिए पत्र चाहिए। शत्रु भय, कलंक, आरोप, तुष्टि, रति, उत्साह, हास्य, विस्मय, जुगुप्सा, क्रोध, भय, विस्मय प्रत्येक अवस्था के लिए पत्र चाहिए। प्रत्येक असम्भव को सह सकने के लिए हमें पत्र चाहिए।

असंख्य न सही कुछेक ही सही, हमें पत्र चाहिए। मन में असंख्य पत्रालय हैं। यह पुस्तक भी मन का एक पत्रालय है। इसे समय लेकर पढ़ा जाये। मैंने ख़ुद को रोपा है इसमें।

मैंने अपनी प्यास से पानी को भिगोया
सूखे कपड़ों से सूर्य निचोड़ा
वृष्टि से मेघ बनाये
दस्तानों से शीत निकाला
आग से माचिस की एक तीली बनायी
दृश्य से दो आँखें बना लीं
वेदनाओं से एक शूल बनाया, हाड़ मांस से नहीं
मैं हव्वा के अश्रुओं से बनी हूँ
मेरे भीतर रक्त नहीं, हव्वा के अश्रु दौड़ रहे हैं।

अथाह प्रेम सृष्टि को।

जीवन-राग की छवियों और ध्वनियों की मर्मभरी गुंजार

जोशना बैनर्जी की कविताएँ सृष्टि का, प्रेम का, प्रकृति का, मनुष्य और अन्य जीवों-वनस्पतियों से उससे सम्बन्ध का, एक उत्सव मनाती हैं। जोशना एक 'नयी' भाषा और भाषा के प्रति एक सूक्ष्म दृष्टि लेकर आयी हैं। वह बांग्लाभाषी हैं, हिन्दी उनकी रचना भाषा है और इन दोनों भाषाओं के सुमेल से उन्होंने अपना जो संसार रचा है, वह मुग्धकारी है। सामाजिक-सांस्कृतिक स्मृति के बहुत सूक्ष्म ब्यौरे उनके पास हैं। अनन्त कथाएँ हैं। सहसा किसी प्रसंग में जब वे ये पंक्तियाँ लिखती हैं, 'जाने कहाँ है हमारा कुटुम्ब...' शीर्षक कविता में, "इतनी बड़ी जनसंख्या में, इतने लोगों के बीच, इतने नक्षत्रों, सितारों, पशु-पक्षियों, घटनाओं, दुर्घटनाओं, जन्म, मरण के बीच हम आकर मिले हैं, बीत रहे हैं, रीत रहे हैं, झर रहे हैं, कभी यह भी ख़याल आता है कि तुम रहे हो पिछले जन्म में पंसारी और मैं दो चोटी बाँधे तुम्हारी दुकान पर आती होऊँ और वहीं तुम्हारी दुकान के काउंटर पर हमारा प्रेम हुआ हो। लोपामुद्रा, घोषा, दमयन्ती, सागारिका कुछ न कुछ तो अवश्य ही रही होऊँगी मैं, खजुराहो के नीलकण्ठ मन्दिर में हुआ होगा हमारा ब्याह, कई जन्मों के उपरान्त हम फिर से जन्मे हैं, फिर से मिले हैं, जाने कहाँ है हमारा कुटुम्ब..."

जोशना छवियाँ रचती हैं, दृश्य रचती हैं, प्रसंग रचती हैं, बिम्ब रचती हैं विस्मय और आन्तरिकता के साथ। इन छवियों और बिम्बों से गुँथे होते हैं न जाने कितने पौराणिक प्रसंग जो

आज के हमारे शहरी मन की, कोलाहल और विज्ञापनी वस्तुओं से चौंधियाती आँखों को पहले तो कुछ अपरिचित, अजनबी से लगते हैं फिर सहसा कोई स्मृति, हमारे भीतर सोयी कोई स्मृति, 'सजीव' हो उठती है। हम जाग से जाते हैं, नक्षत्रों, ग्रहों की एक विस्तृत दुनिया में जहाँ आज भी बहुत कुछ घटित हो रहा है। दूर-निकट हमारी पड़ोसी दुनिया ने जिसे हमसे छीन लिया है, वह बहुतेरी चीज़ों के 'पुनर्वास' की इच्छुक हैं, इस ध्वंसात्मक समय में। उन चीज़ों के पुनर्वास की इच्छुक, जो रागात्मक है, मधुर है, जिनमें शहद की सी मिठास है, आम्र मंजरियों की महक है, स्पर्श की कोमल छुअन है, रति और काम भी हैं। पर वे भी सृष्टि की अनन्त चीज़ों से लिपटे हुए ही हैं। वह उस संसार की भी इच्छुक हैं जो कहीं विलुप्त हो गया है। बहुत कुछ की 'चाहना' है जोशना की कविता! बहुत से सम्बन्धों की चाहना, व्यंजनों तक की, बांग्ला व्यंजनों की, जीवन सिक्त चाहना! उनका उत्सव! जीवनानन्द दास की कविताएँ भी उनकी कविताएँ पढ़ते हुए याद आती हैं। परन्तु जोशना का संसार उनका अपना संसार है, हमें एक बृहत्तर स्मृति लोक, कल्पना लोक और सांसारिक लोक से भी जोड़ता हुआ।

अचरज नहीं कि उनकी कविताएँ फेसबुक पर भी बहुत पढ़ी और गुनी जाती हैं। कृपया उन्हें कोई इस रूप में न देखें कि ये एक 'प्रति-संसार' की रचना भर कर रही हैं और हमें सामाजिक और राजनीतिक विमर्शों से दूर ले जा रही हैं। नहीं, ये हर तरह की चेतना से सम्पन्न कविताएँ हैं जो कि इनके आन्तरिक पाठ से सहज ही लक्ष्य की जा सकेंगी। वैसे भी कोई कविता-कला मनुष्य को ही सम्बोधित होती है और दुःख-सुख का, राग-विराग का, व्यथा-कथा का, कई आयामों वाला संसार, हर व्यक्ति का संसार, हर काल की कविता कला में अपने समय से अछूता कहाँ होता है। उसके प्रकटीकरण के 'सुर' अलग-अलग हो सकते हैं।

महादेवी जी की कविता पंक्ति याद आती हैं, 'जाने किस जीवन की सुधि ले लहराती आती मधु बयार।'

मेरे लिए, और मैं समझता हूँ और भी बहुतों के लिए, जोशना की ये कविताएँ एक 'मधु बयार' और नयी बयार ही तो हैं।

–प्रयाग शुक्ल

अनुक्रम

प्रेम में मात्र प्रेम ही किया

कवयित्रियाँ नवयौवनाएँ बनी रहेंगी

किस आँख में है मेरा आलय

उठने पर पृथ्वी दुर्द्धर्ष लगती है

जलपात्र में दिखते हैं ब्रह्मा के चौदह मनु

एक शिरोई लिली पुष्प बन जाऊँ

प्रेम में मात्र प्रेम ही किया

भात

भात पकाकर माँ ताँबे के बर्तन में केले के पेड़ के नीचे रख
छोड़ती थीं, पिता की आयु स्वर्ग से खींचती रही
भात, उबले आलू और मधु से भिक्षुणी को विदा किया
भात पकाया जब–जब पिता ने, बेचे हुए खेतों के क़िस्से बार–बार
सुनाये
भात परोसती माँ को पिता पौलोमी, यमी, शची, कामायनी,
सुतम्भरा न जाने क्या–क्या कहते रहे
चार दाने जो छूट जाते थाली में भात के, दादी चिल्लाती भात
का सम्मान इन्द्र से भी बड़ा है, एक दाना न बचे थाली में
चावल की बोरियाँ ग्राम से आ जाती थीं वर्ष में
एकाध बार, परन्तु उससे काम न चलता
दो बेला भात की जुगत में पिता के देह का रंग भात से उतर
कर कोयला होता रहा
भात से उठते धुएँ में ही पढ़ाई की
भात के पानी से त्वचा चमकायी
भात के माँड़ से ही सूती कुर्ते और साड़ियाँ कड़क होते रहे
शरीर में विटामिन ई, बी और सी बढ़ाया
भात ही पूजा में दुग्गा को चढ़ाया
बचा भात भिक्षुकों को खिलाया

सप्ताह में तीन दिन पांता भात बनता
खाते–खाते सात योजनाएँ बन जातीं
छह विफल रहतीं
बासी भात खा–खाकर ही पुरनेन्दू चैटर्जी ने अपना अल्सर ठीक किया
कोई बहुत बड़ा नाम नहीं ये, हमारे पड़ोसी थे
पत्नी मर चुकी थी, कई दिनों तक नून–भात खाया
माटी में पड़े रहे
कोई बीस एक दिन तक हम सब्ज़ी, मछली देते रहे
भात की चिन्ता में ही पुनः उठ खड़े हुए

कितने भातमयी हैं हम बंगाली
अपने अलावा कुत्तों, बिल्लियों, पक्षियों, चींटियों, मछलियों, तोतों
को भी भात ही खिलाते आ रहे हैं
भात न पके जब, वह दिन हमें डरा देता है
क्या ही माँगता है भात, हमसे नम जलवायु और थोड़ा सूर्य
पिछले साल क़रीब 117.43 मिलियन टन
चावल उगाया गया देश में
देश् में भात खाने वालों को मिलता रहे और भात, ऐसा कह–कहके
पण्डित जी फेरा पाते थे गली में
भात ही त्रिदेव का कारक है, समय–काल भात का ही जना है,
ऐसा भी कहते थे

भात खाते–खाते ही जानी अपनों के मन की बात
किसने किससे प्रेम किया, किसने किसे छला, किसने चूम लिया
किसे किसने क्या लिखा, कौन कितना धनेश बना, मूखे भात में
किसने पहने सबसे सुन्दर वस्त्र, पोखर के समीप प्रेमपत्र किसने
किसे दिया

इस सब की ख़बर भात खाते–खाते ही मिली
अन्न, धन, गहने में सबसे बड़ा चरित्र भात ही बना रहा

भात मात्र भात न हुआ प्राण हुआ भात हमारा
कोई आता तो भात ही लेकर आता
कोई जाता तो भात ही खाकर जाता
भात पकाने के लिए डिब्बे से चावल निकालते समय माँ तीन
चुटकी चावल वापस डाल देती थीं डिब्बे में
इससे बरकत होती है, ऐसा मानती थीं

मछली का काँटा फँसा दाँत में कई बार, भात कभी न फँसा
भात न फँसता, न फाँसता
भात तो शीतलता ही देता रहा
भात से ही बने मेरे दाँत, मेरी हड्डी, मेरी देह
भात ने ही मुझे जिलाये रखा
भात पचने पर ही बना रस, रस से रक्त बना, रक्त से ही सब बना
माँ का गर्भ, पिता का वीर्य सब भात से ही बना
भात से ही बनी हूँ मैं
रोटी की तरह भात भी एक महापृथ्वी है
भात कभी न ख़त्म होने वाला समय है।

सात दिनों की मनोकांक्षाएँ आठ

वेग से आता है दुःख पुंसत्व से भरे एक राजकुमार
की तरह
एक हठी स्त्री उसे शासन नहीं करने देती
दुःखों को चीरते हुए
एक दिन मैं आऊँगी नीलकंठिनी बनकर
तुम्हारे कन्धे पर बैठकर चूम कर तुम्हारी गर्दन
उड़ जाऊँगी आकाश में
मैं आऊँगी दूसरे दिन एक बरगेलिनी बनकर
परिक्रमा लगाऊँगी सात
अपनी गन्ध छोड़ जाऊँगी तुम्हारे सीने पर
तीसरे दिन आऊँगी एक अजनबी बनकर
सड़क के मोड़ पर बैठूँगी, तुम्हें गुज़रते देखकर
तुमसे बेवजह ही कोई काग़ज़ दिखाकर पूछूँगी अनाम पता
तुम पकड़ोगे जब उस काग़ज़ को
छू लूँगी तुम्हारी उँगलियाँ
चौथे दिन आऊँगी पीठ दर्द लिए चेहरा ढापे एक मरीज़ बनकर
तुम्हारी छुअन से लजाऊँगी
पाँचवें दिन आऊँगी चाँदनी बनकर
छिटकूँगी तुम पर पूरी रात
तुम्हें पता भी न चलेगा, मैं हर लूँगी तुम्हें
छठे दिन आऊँगी संगीत बनकर
तुम्हारे हृदय को छेड़ूँगी

कँपाऊँगी तुम्हें
साँतवें दिन आऊँगी तुम्हारे मन में एक मनोकांक्षा बनकर
एक मनोकांक्षा जो तुम्हें मुझ तक लाने को तत्पर हो
एक मनोकांक्षा जो तुम्हें मेरे समीप ले आये
कोई ढामक, किसी तन्तुकी, किसी सीढ़ी, सड़क, वाहन
किसी के सहारे बिना ही
बिना किसी बाधा के तुम्हें मुझ तक ले आये
और मैं पा लूँ तुम्हें सात दिनों के सात चक्र में सातों जन्म के लिए
एक आठवीं इच्छा अभी शेष है
कह दूँगी वह भी जब हम होंगे एक दूजे के समीप
सात दिनों की आठ मनोकांक्षाएँ तुम्हारी प्रतीक्षा में मुँह हाथ बाँधे खड़ी हैं।

रतिकान्त रुष्ठ हैं हमसे

मधुमक्खियों के शहद की रस्सी पर चलने का अभ्यास न था मुझे
न ही तोते के रथ पर सवारी का अभ्यास
और न ही गन्ने के धनुष से चलाये कभी अशोक के फूल के बाण
यह कार्य तो रतिनाथ का है
परन्तु जिस रतिकान्त का वास स्त्रियों के ओष्ठ पर होता है वही
रतिकान्त मुझे तुम्हारी छब में दिखते हैं
कितने चित्तहर हो तुम
तुम्हें देख भर पाना एक विजयोल्लास से कहीं अधिक है
तुम्हारे सुमुज्ज्वल मुख से चौंधियाती हैं आँखें मेरी
विचेष्ट हो जाती हूँ मैं
मैं तुम तक पहुँचने के लिए कितने यत्न करती हूँ
और हर बार विफल हो जाती हूँ
तुम्हारे रास्तों पर खड़ी रहकर चुभती धूप को भी ईश्वर की छाँव
समझती हूँ
समझ जाती हूँ कि उत्कण्ठावश ऐसा करती हूँ
विधिवश दूर हूँ तुमसे
विधिवश ही तुमसे अलग
एक घड़ी कोई ऐसी न बना सके देव जिसमें हो सके हमारा मिलन,
समीप से देख सकें एक दूजे को
आ सकें समीप कभी न दूर होने के लिए
मैं जान सकूँ अगर अपना अन्तिम क्षण
तो उस क्षण में माँग लूँगी तुम्हें शिव से अगले जन्म के लिए

शादय मेरी कविताएँ यह सम्भव कर सकें
मेरी प्रार्थनाओं की छींट से खिल उठे शायद ईश्वर का मन
रतिकान्त रुष्ट हैं हमसे सम्भवतः
करते नहीं गर्जन, वृष्टि खींच लेते हैं
बागान, इत्र, मीठा, शयन कुछ नहीं देते हमें
देखते नहीं हमें प्रेम से
हमने क्या ही पाप किया, क्या ही अनर्थ हुआ हमसे
रतिकान्त रुष्ट हैं हमसे सम्भवतः।

दिनों में तुम बृहस्पत हो, रंगों में हल्द

मेरा बृहस्पति एक छिद्र है जिस पर रख दिये हैं तुमने अपने ओष्ठ
तुम्हारी फूँक गुंजायमान है
वे मनुष्य जो ख़रीदते नहीं नये कपड़े बृहस्पति को, जाते नहीं डॉक्टर के पास और शुरू नहीं करते कोई शुभ कार्य इस दिन
वे अचम्भित करते हैं मुझे, दुःखी भी
इस दिवस की शुभता और महिमा से अनभिज्ञ हैं
मैंने तो बृहस्पति को ही काटे अपने नाख़ून, पहने नये वस्त्र, केश धोये, दिखी सुन्दर और खिलखिलाई ख़ूब
पीला वस्त्र ओढ़ाया तुलसी को
पीले फल खाकर विटामिन ई इकट्ठा किया
पीली मिठाई बाँटी मन्दिर में
पीले पुष्पों की माला पहनाई देवों को
गर्दन उठाकर देखा तो पीला दिखा आकाश
आकाश की ओर उठने की चाह जगी जब मन में, कानों में मन्त्र के साथ ठूँस दी गयी सीता और दमयन्ती
पीला युक्त ललाई लिए दिनों बाद जब जीवन ठीक–ठाक
लौटने लायक जगह बना है अब
यह सम्भव हुआ तुम्हारे आने से
तुम आये हाथ में सुख, आँखों में आस, हृदय में प्रेम लिए तुम आये और रह गये पास मेरे
तुम आये जीवन लेकर,
लेकर आये तुम वायु, आकाश, पृथ्वी

ओज लेकर आये तुम
तुम वह सब लेकर आये जो भाग्य में नहीं था मेरे
एक सुन्दर आलय बनाया तुमने मेरे लिए
लयबद्ध संगीत लेकर आये तुम
मैं अब नृत्यरत हूँ
हाथ हैं पीले
दिनों में तुम बृहस्पति हैं, रंगों में हल्द प्रिये।

जाने कहाँ है हमारा कुटुम्ब

शायद से यूँ हुआ हो कि पिकासो पिछले जन्म में रहा हो अरस्तू
और सिल्विया प्लाथ पिछले जन्म में रही हो
रानी विक्टोरिया, जन्मी हो लन्दन में और करती रही हो राज
या यूँ हुआ हो कि महारानी डायना मेरी बेटी बनकर आयी हो और
मेरा बेटा पिछले जन्म में कोई वैद्य रहा हो
होने को शायद ये भी हुआ हो कि मैं पिरामिड से निकलकर आ
गयी होऊँ
और तुम शायद कोई गीतकार रहे हो पिछले जन्म में
और हम अब आकर मिलें हो
या यूँ हुआ हो कि तुमने पिछले जन्म में लिखे हों जिसके लिए गीत
वह भीग रही हो बरसात में किसी के साथ यूक्रेन में
और मैंने गीजा में जिसको दिया हो अपना दिल वह चित्रकारी कर
रहा हो स्वीडन की सड़कों पर
कहाँ से आये हैं हम
इतनी बड़ी जनसंख्या में, इतने लोगों के बीच, इतने नक्षत्रों, सितारों,
पशु, पक्षियों, घटनाओं, दुर्घटनाओं, जन्म, मरण के बीच हम आकर
मिले हैं
बीत रहे हैं, रीत रहे हैं, झर रहे हैं
कभी ये भी ख़याल आता है कि तुम रहे हो पिछले जन्म में पंसारी
और मैं दो चोटी बाँधे तुम्हारी दुकान पर आती होऊँ
और वहीं तुम्हारी दुकान के काउंटर पर हुआ हो हमारा प्रेम

कितने रहस्य छिपे हैं इस ब्रह्माण्ड में
कितनी ही स्मृतियाँ, अलविदा, मिलन, बिछुड़न, शीत, ग्रीष्म
इस छोटे से जीवन में आकाश तक फैली कल्पनाएँ
तुम अवश्य ही कोई महान कवि रहे हो पिछले जन्म में
और तुमने जो प्रेम कविताएँ तब मुझ पर लिखी हों
उन्हीं कविताओं को हम अब पढ़ रहे हों
ऐसा तो नहीं कि हम पिछले जन्म में रहे हों
कादम्बरी और चन्द्रपीड़ अथवा महाश्वेता और पुण्डरीक
कालिदास, बाणभट्ट, जयदेव, विक्रमादित्य कुछ न कुछ तो अवश्य
ही रहे होगे तुम
लोपामुद्रा, घोषा, दमयन्ती, सागारिका कुछ न कुछ तो अवश्य ही
रही होऊँगी मैं
खजुराहो या नीलकण्ठ मन्दिर में हुआ होगा हमारा ब्याह
कई जन्मों के उपरान्त हम फिर से जन्मे हैं
फिर से मिले हैं
हमारा कुटुम्ब जाने कहाँ है...।

हे हृदयवल्लभ

इतना मनोहर पुरुष बनाकर ईश्वर ने बैर
लिया स्त्रियों से
शिव नहान के उपरान्त फैली गन्ध जैसी होगी अवश्य ही तुम्हारे देह की गन्ध
तुम्हारे नेत्रों के झिल्लियों से ही बना होगा असंख्य मछुआरों का जाल जिनमें फँसती होंगी रंगीन मछलियाँ
तुम्हारी हथेलियों पर ठहरती होंगी स्वस्तिकामनाएँ
माथा नीचा करके चलते हो जब कितनी ही स्त्रियाँ तुम्हें पाने की कामना करती होंगी
तुष्टि जैसा कुछ मैं देखती हूँ तुम्हारे चेहरे पर
कुछ भी अधूरेपन जैसा नहीं देख पाती तुममें
मेरी हथेलियों को तुम्हारे स्पर्श की चाहना है, इतना कह पाने भर की लाज में मैं गुलाब हो जाती हूँ
तुम्हें देखने भर से त्रोटक की दृश्यावलियाँ घूमती हैं आँखों के आगे
कितना आकर्षण है तुममें, चंचरी सभी पुष्पों को छोड़कर तुम्हारी तरफ़ मुड़ती है
एक प्राणदायक औषधि के समान है तुम्हारी हँसी
किसी चन्द्रिकोत्सव में तुमसे मिलने की चाह में मैं जीवन भर प्रतीक्षा कर सकती हूँ प्रिये
मैं यह भी कर सकती हूँ कि
एक गहरी साँस लेते हुए आँखें मूँदकर
तुम्हें पा सकने की सौ योजनाएँ बना सकती हूँ

तुम ईश्वर के हाथों से बना एक अत्यन्त अनमोल उपहार हो
मेरे लिए
मैं इस उपहार को पा सकने की मात्र गुहार भर हूँ
तुमसे कितनी दूर
छिटकी पड़ी हूँ यहाँ अपनी जगह पर
इस आस में कि एक दिन हम मिल सकेंगे
अवश्य ही किसी एक दिन।

एक गद्य कविता हो तुम

एक चित्र में मुझे दिखाई दीं चित्रकार की आँखें
एक कलाकार में देखी मैंने एक खाई
एक प्रसन्न मनुष्य में मैंने देखा उसका वैराग्य
नीले रंग में मैंने ईश्वर को भी नीला देखा
जब तुम्हें देखा तो दिखी एक गद्य कविता
और देखा कि हर दिशा से मैं इस कविता से घिरी हुई हूँ
यह कविता मुझे मेरी जगह से उठाकर अन्यत्र ले जाती है
किसी दोषहीन जगह की तरफ जाती एक सड़क तक इस कविता की पहचान है
इस कविता के पास विदा जैसा कुछ भी नहीं था
अलविदा, जीवन से विदा, प्रेम से विदा, कला से विदा, ऐसा कुछ नहीं था
इस कविता के पास मिली मुझे रंगों की छींट जो ऋतुओं की पोशाकों पर बिख़री पड़ी थी
वृष्टि में किसी जल भरे पोखर में झाँककर देखना और फिर केश सँवारना और अगले ही पल खोल लेना कुब्जा सुन्दरी
मात्र इन्हीं तीन मुद्राओं में मैंने कई–कई दिन काटे
मैं इस कविता को अपनी पैतृक गरिमा के साथ एकचित्त होकर पढ़ रही हूँ
इस पढ़ने में ही मेघ की गर्जन है
पक्षियों की टेर है
जसराज हैं, अवन्ति सुन्दरी है, कुर्सियाँ हैं, कालीन हैं, बाग़ीचा हैं,

बकरियाँ हैं, गीत सुनने के कई यन्त्र हैं
इतना भर एक जीवन व्यतीत करने के लिए ठीक–ठाक व्यवस्था है
यहाँ एक कवि का एकान्त है
यहाँ एक वायु है जो चूमती है प्रत्येक बरस के पुष्पों को
जो हिलाती है प्रत्येक बरस का गेहूँ
जो सुलाती है कई–कई कुनबों के मनुष्यों को
इस वायु के वेग में हम अपनी कल्पनाओं के साथ उड़ रहे हैं
इसी गद्य कविता में हमारी कल्पनाओं की एक प्रेम कविता छिपी है
छिपा है एक अदृश्य कोना
छिपे हैं तुम्हारे न दिये गये चुम्बन
छिपे हैं हम एक इतनी छोटी जगह में जहाँ मात्र हम ही बैठ सकते हैं एक दूजे से सटकर
यहाँ कोई समयबद्धता नहीं
यहाँ केवल दो मन रहेंगे एक प्रेम कविता बुनते हुए
आजीवन।

दमनक का सफेद फूल

तुम्हारे तलवों तले सोना
आकाश आकाश नीलम
पेड़ सारे पन्ना
जो ख़रगोश तुम्हें छू के भागे वे धन्य हुए
पक्षी तुम्हारी परिक्रमा करके भरते हैं भोर में उड़ान
नीलकण्ठों ने तुम्हें देख शिव को धन्यवाद कहा
सिन्धु जलधारा की उपनदियाँ सींच रही हैं तुम्हारे अश्रु
दुःख समस्त तुम्हारे अस्त्र हैं
विसर्जित हैं तुममें कविताएँ सभी
सुख सारे तुम्हारा पल्लू थामे तुम्हारे पीछे चलते हैं
भिक्षुक त्याग देते हैं भिक्षा
तुम्हें देखने आती हैं प्रतीक्षाएँ अपनी सहनशीलता लिए
नक्षत्र सारे तुम्हारे एक–एक संकेत की प्रतीक्षा करते हैं
तुम्हारी प्रतीक्षा में रहते हैं पृथ्वी के संकेत सभी
तुम्हारे चक्षु के दो हीरों से जगमगाते हैं ग्रह सभी
तुम महिषी लगती हो
पलकें तुम्हारी गिरती हैं तो उठ जाता है पृथ्वी का तापमान
यातना शिविर के बच्चे तुम्हारे हाथ की बनी रोटी चखने को
तत्पर हैं
जन्तर सारे तुम्हारे कर्णफूल के शिष्य हैं
मैं आता हूँ तुम तक
आने के प्रयत्न में चौंधियाता हूँ

मलता हूँ आँखें
हर दिवस खोजता हूँ तुम्हें
तुम्हें अपनी ओर आते देख मुस्कुराता हूँ मैं
और देखता हूँ तुम खिलखिला रही हो
तुम्हारे दमनक के सफ़ेद फूल के दिव्य ओज में
मैं अन्धा हुआ प्रियत ...

प्रियतमा का प्रियत ही कह पाये थे तुम
प्रियतमा पूरा न कह सके
पता नहीं क्यों टूटा स्वप्न उस घड़ी
सूखे कण्ठ टूटी नींद मेरी
अरे... यह तो स्वप्न था, सुन्दर स्वप्न
अर्धरात्रि पुनः खिला दमनक का फूल।

ढाई क्षण के ढाई जन्म

तुम सुख न देते तो समय रुई की तरह धुनता ही रहता मुझे
तुम दुःख न देते तो पृथ्वी अपना सन्तुलन कैसे बना पाती
जीवन हमारे बीच आया था एक बार
हमारी दूरियों का माप लेने
उस समय हम दोनों एक–दूसरे की तरफ़ पीठ करके खड़े रहे
जैसे कोई एक पढ़ना चाहता हो शुकदेव की जीवनी और
दूसरे को चाहिए हो अम्बालिका की कथा
कोई कवि जितना दुःख में डूबा
उतनी ही ऊपर उठी कविता
कितना लावण्य है तुम्हारे मुख पर
तुम्हें देखते हुए लगता है कि देख रही हूँ आकाश में
अरुन्धती का तारा
मुझे एक बार अपनी आँखों से काजल निकालकर
ठीक तुम्हारे कानों के पीछे लगाना है
मुझे भय है कोई स्त्री तुम्हें हर न ले
कोई वेग, वायु, पर्वत, नदी कभी यथासम्भव प्रयास ही
नहीं करते हमारे मिलन के लिए
ढाई अक्षर की ध्वनि सुनने के लिए ढाई सौ कोस की भी यात्रा
कम पड़ी मुझे
ढाई क्षण तुम्हारे साथ बिताने के लिए ढाई लाख क्षणों का विलाप
हर ढाई क्षण में छिपा है ढाई जन्म
जीवन और मृत्यु की परिधि के बाहर
अर्ध तुम अर्ध मैं।

कौन साक्षी हमारे मिलन का

देखो यह कुछ कविताएँ तो रह जायेंगी नाम तुम्हारे
तुम्हारे बाद भी यहीं रहेंगी
तुम लोगे दूसरा जन्म
तो भी ये टस–से–मस न होगी
तुम्हारा कोई दबाव, कोई छुअन, किसी चुम्बन का कोई अनुभव
नहीं मुझे
मेरी हथेलियों में कहाँ ही फँस पायीं तुम्हारी उँगलियाँ
न ही आँखें इतनी निकट आयीं कि पीछे का सारा दृश्य
धुँधला दिखायी दे
कोई राजमार्ग, कोई फूल, कोई पत्ता, कोई तारा हमारे मिलन का
साक्षी नहीं
किसी काग़ज़ पर हमारे नाम की कोई मोहर अथवा हस्ताक्षर नहीं
दूर–दूर तक कोई आस भी नहीं कि मिल सकें इस जन्म में
एक दूजे से
मात्र एक क्षण है ऐसा जिससे देह को मिल रही है ताप
चेहरे को ओज
हृदय को गति
वही क्षण जब बाल दिवस के दिन "आमी तोमाके भालो बाशी"
कहकर तुमने बाँध लिया मुझे
संजोग से उस दिन दिवाली भी थी
आँखों में असंख्य चकमक जले थे
मेरे अनुनय करने पर कि दोहरा दो यह पंक्ति तुम "आमी तोमाके

भालो दिवाली" बोलकर भाग निकले
बाल दिवस पर ऐसे बच्चा कौन बनता है भला
यह जितने वृक्ष हैं पृथ्वी पर सभी हर बरस गिरा देते हैं अपने प्रात
मैंने तुम्हें अपने हृदय से कभी न गिरने दिया
यह जितने भी पुष्प हैं यहाँ, छोड़ देते अपनी डाली ये भी हर बरस
मैं तो तुम्हें छोड़ने का सोच भी नहीं सकती प्रिये
नदियाँ जाकर मिल जाती हैं समुद्र में
मैं किसी परपुरुष से न मिली तुम्हारी प्रतीक्षा में
कितने साक्षी हैं हमारी दूरियों के
हमारे मिलन का कोई साक्षी नहीं प्रिये।

किन्तु भंगिमा की चाह अन्त तक रही

एक भंगिमा दिखाओ मुझे
जिससे मुझे लगे कि मैं अभी शिला, शिलीमुख या शिलालेख
नहीं हुई हूँ
एक भंगिमा की चाह में मेरे अन्दर की मिट्‌टी, राख, पानी, आकाश
और हवा मुझसे छिलकों की तरह उतर जाते हैं
मेरा प्राण मुझसे आयु में बड़ा लगता है
एक भंगिमा की चाह में चूक नहीं सकता मन
इस न चूकने से चूक रही हूँ मैं
मेरे हठ की एक भी ईंट टूटी तो टूट सकती हैं मेरी आस्थाएँ
इस ईंट तक लौटते हैं मेरे स्वप्न तुम्हारी छोटी उँगली थामे
एक भंगिमा दिखाओ मुझे ताकि मुझे लगे
कि मुझसे प्रेम किया जाता है
कि मैं अभी संसार का हिस्सा हूँ
कि मेरे अन्दर रक्त बचा है अभी
एक भंगिमा का यह प्रथम कर्तव्य होना चाहिए वह
उसकी उपस्थिति में मैं लजा सकूँ, सिमट सकूँ, ठहर सकूँ

तो दिखाओ मुझे एक भंगिमा
काशी की किसी गली की मुद्रा में
दोनों हाथ फैलाये
करो मेरी कामना
एक भंगिमा दिखाओ मुझे

जिसमें प्रसन्नता, दुःख एवं उत्तेजना के कोई मायने न हों
जहाँ क्षणप्रभा, समुद्र और सन्ध्यावन्दन थोड़ी–थोड़ी
मात्रा में मिले मुझे
जहाँ मुझे न देखना पड़े देवों का मुख
किसी छोटे से कार्य के लिए भी
जहाँ मांगल्यगान की तरह बजते रहें हम एक–दूसरे के कानों में
जहाँ हम, हम ही रहें
मुमुक्षु न बनें।

कौमुदी महोत्सव का लेख मन में चुभता है

चित्ताकर्षक, रोमिल प्रेमी की स्मृतियों में पतझड़ में पत्ते नहीं गिरते
गिर पड़ती हैं प्रेमिका की अनुकांक्षाएँ
झन्न से गिर पड़ता है देह का तापमान
आँखें टिक जाती हैं किसी चमत्कार की प्रतीक्षा में
हाथ टटोलते हैं एक और हाथ
तलवे गड़ जाते हैं पृथ्वी में
बिस्तर एक देश लगता है
तकिया महासागर पार वाला द्वीप
जहाँ केवल बंजर है
दूर–दूर तक एकान्त दिखता है
तुम्हारी प्रतीक्षा में जीवन एक दैत्य लगता है
खाने में लवण का स्वाद नहीं मिलता
कपड़ों के रंग खिलते नहीं
नीरस लगता है संगीत
अचार की बरनियाँ सारी सड़ने लगी थीं
दीमकों को देखकर लगता है उन्हें लगा ही रहने दूँ
उन्हें हटाकर क्या लाभ, कातर की तरह उतरती थी सन्ध्या,
हर दिशा में मात्र एक नीरसता
सब जगहें अधूरेपन की जगहें थीं
जैसे खो गया हो एक दस्ताना माह पूस में
कोई किताब, कहानी, लेख, कविता, टीप आकर्षित नहीं करती
उस पर अचानक से सामने आ पड़ा कौमुदी महोत्सव का लेख
जैसे कम उम्र विधवा का एकान्त जीवन
कौमुदी महोत्सव का लेख मन में चुभता है।

उसके आने पर क़तई नहीं बजता संगीत

उसके आने पर क़तई नहीं बजता संगीत,
नहीं आते रेख़्ते के शायर
उसके आने पर 'क्या हुक्म है मेरे आका', ऐसा बोलने वाला जिन्न
कहीं नज़र नहीं आता
उसके आने पर नहीं आते मुराकामी, पर्सी, राँझा, पाब्लो
कोई गीत सुनते हुए उसे याद करने पर फुव्वारे हरगिज़ नहीं फूटते
लिखते समय उसे याद करने पर नहीं बन पाती कोई कविता
उसके सोचने पर नहीं होती फूलवर्षा,
नहीं उठती कण्ठ से कोई हूक

उसके आने पर चप्पल नहीं बनती उड़नखटोला
नहीं भरते चाँद के गड्ढे
पत्थर मखमल में नहीं बदलते
उसके आने पर क्या होना चाहिए क्या नहीं यह कोई सिनेमा का
डायरेक्टर क्यूँ करे तय
यह तय करूँगी मैं

और मैं देख सकती हूँ कि उसके आने पर
रोटी रोटी ही रहती है
कुर्सी कुर्सी ही रहती है
उसके आने से उसके द्वारा घेरी गयी जगह उसी में
बदल जाती है जो उसके जाने के बाद मैं भी नहीं भर पाती
उसके आने से पेट में गुल्ली–गुल्ली होती है
होंठों से दोस्ती करने आ जाती है एक मुस्कान।

होगा समय, समय के पास

निश्चय ही समय होगा हमारे लिए
समय के पास
किसी शिशिर
किसी हेमन्त में होगा
किसी मधुपर्क में होगा
बया के घोंसले के ठीक पीछे
किसी रेल के डिब्बे में या
किसी चौखट, किसी नदी, किसी जलतरंग में होगा
किसी उत्सव, किसी छत, किसी बस अड्डे पर होगा
होगा किसी शेफ़ालिका के समीप
भाषा की किसी शैली में होगा
ठुमरी, टप्पे, दादरे में होगा
किसी किरानची के चावल के बोरे के समीप
दूध दुहती किसी बूढ़ी औरत के पास
सियालदह जंक्शन के किसी बेंच पर
किसी एकादशी किसी अमावस में होगा

मैं अज्ञात हूँ
परन्तु विश्वास है
समय के पास हमारे लिए समय निश्चय ही होगा।

विधुवदनी

तुम्हारी नींद की रक्षिणी हूँ
तुम्हारे सिरहाने बैठकर पूरी रात सहला सकती हूँ तुम्हारा माथा
तुम्हारे हाथों को मल सकती हूँ घण्टों
तुम्हारे तलवों को नमक के पानी का दे सकती हूँ सेंक
जब थक के आओ काम से उतार सकती हूँ तुम्हारे जूते
बना सकती हूँ चाय
तुम्हारे लिए तौलिया, साबुन, कमीज़ सब जगह पर रख सकती हूँ
ये सब कितना घिसा–पिटा लगा होगा तुम्हें निश्चित ही
निश्चित ही मुँह बिचकाया होगा तुमने अपना मुँह
ये सब घटा नहीं हमारे मध्य
हमारे मध्य रही दुनिया, समाचार, खेल, कविताएँ और बादल काले
कितना कुछ चाहती रही मैं
मैंने चाहा तुम्हारे साथ बिरला तारामण्डल में घण्टों बैठना
तुम्हारे जन्मदिवस पर तुम्हारे साथ पापुम पारे की सैर करना
तुम्हें घाघ और पापिष्ठ लोगों से बचाना चाहा
चाहा मैंने कि तुम्हारे लिए गोड़ूँ खसखस
इतिहास से ले आऊँ नल दमयन्ती की कथा
मैं तुम्हारे दुःख भरे दिनों में मोद में झूमती हुई तुम्हें आह्लाद
से भर सकती हूँ
तरिणी पर बैठकर तुम्हें पृथ्वी की सैर करा सकती हूँ
मैं यह कर सकती हूँ कि दिखा सकूँ तुम्हें पेड़ को पेड़ ही,
पुष्प को पुष्प ही, मन अपना मन जैसा ही,

मैं नदी में देखती हूँ खुद को तो दिखती है हरिप्रिया
हरिप्रिया को देखती हूँ तो दिखते हो तुम
तुम्हें देखती हूँ तो दिखता है एक उद्यान
उद्यान देखती हूँ तो दिखते हैं हम दोनों वहाँ बैठे हुए
एक दूजे के समीप
हम दोनों को देखती हूँ तो कुछ नहीं दिखता
नहीं दिखती पृथ्वी, आकाश, ईश्वर।

रात स्वप्न में तुम्हारे ओष्ठ दिखे

रात स्वप्न में तुम्हारे ओष्ठ दिखे
मेरे ओष्ठ से एक निर्धारित दूरी पर
फिर दिखा सूर्य
सूरजमुखी से निर्धारित दूरी पर

रात स्वप्न में तुम्हारी आँखें दिखीं
मेरी आँखों से एक निर्धारित दूरी पर
फिर दिखीं ईश्वर की आँखें
हमारी आँखों से निर्धारित दूरी पर

रात स्वप्न में तुम दिखे
मुझसे एक निर्धारित दूरी पर
फिर नहीं दिखी कोई सड़क
हम दोनों के मध्य

रात स्वप्न में तुम्हारे ओष्ठ दिखे
मेरे ओष्ठ से निर्धारित दूरी पर।

गंधबिरोजा

शहद के छत्ते में नहीं रखा जा सकता तुम्हें
वहाँ से तो तुम्हें कोई भी निकाल लेगा
तुम्हें छिपाने के लिए कुछ गुप्त जगहें ढूँढ़ी हैं मैंने
उन जगहों पर जहाँ देख नहीं सकती तुम्हें कोई आँख
और छू नहीं सकते कोई हाथ

ताँत साड़ी के कमर वाले हिस्से में लपेटा है तुम्हें
मछली के काँटे में फाँस के रखा है
चुभने पर पेट में सुरसुरी होती है
खुदीराम बोस के तस्वीर के पीछे हर दिवस खींच देती हूँ
एक लकीर
लकीरों के गिनती बराबर फाँसी लगती है हर दिवस मुझे
नमक पानी के सेंक में क़ैद किया है तुम्हें
सेंक की हल्की आँच से गर्माती है देह मेरी

बेलगोरिया के चौक पे टाँग रखा है तुम्हें ट्रैफ़िक लाइट के लाल में
पुई शाग ख़रीदते वक़्त मेरी चाहना है तुम देखो मुझे
बन्द्योपाध्याय बाबू के हेयर डाई में नज़रबन्द हो तुम
नज़रबट्टू की तरह
उनसे कभी–कभार फ़्लर्ट करती हूँ मैं
माटी के गुल्लक के चिल्लरों में छिपा रखा है तुम्हें
खनके तो गर्व होता है

आलते में डुबो कर रखा है, छुलता है तो शीत छूता है मुझे
लिरिल साबुन पर गोदा है तुम्हारा नाम
मल–मल कर स्नान करती हूँ दो बेला

शंख के गोले में ठूँस रखी है अपनी एक कामना
सन्ध्या वन्दन में फूँकने पर ब्रह्माण्ड में छितरती है ये कामना
कोई कुदाल कोई हल नहीं बँधे मेरे नक्षत्र से
मैं कहाँ रोपूँ धान तुम्हारे लिए प्रिये
किस रसोई में पकाऊँ शोजनेर डाटा तुम्हारे लिए
शरतचन्द्र की किताब पर केश बिछाये सो जाती हूँ हर रात
तुम आओगे तो चम्पा से सँवारोगे इन्हें ऐसा सोचकर

कितनी जगहों पर छिपाया है तुम्हें
बस नहीं छिपाया तो अपने प्राण में
ये निकल भी जाये तो तुम बने रहना मेरे बाद प्रिये मेरी गन्ध बनकर
चिपके रहना मेरे अस्तित्व से
गंधबिरोजा की तरह।

एक स्पर्श की भाषा में अर्थहीन हो जाते हैं कई महत्त्वपूर्ण भय

एक स्पर्श की भाषा में अर्थहीन हो जाते हैं कई महत्त्वपूर्ण भय
एक छींट की तरह आत्मा की चादर पर जा छपता है स्पर्श
वही चादर हमारी सबसे मनपसन्द चादर बन जाती है

एक स्पर्श की टटोल की चाबी से खुल जाते हैं हम
कितने कसाव ढीले पड़ जाते हैं
इतने ढीले कि हम एक छोटे बच्चे की पहिया गाड़ी की तरह
लुढ़क जाते हैं
एक स्थगित किए हुए स्पर्श में खिन्न मन भी ढूँढ़ लेता है
अपने लिए एक माधवीलता और चढ़ जाता है चन्द्रमा
की भूमि पर
एक स्पर्श के गर्माहट में जिह्वा को लगते हैं कई उच्चारण दोष
एक स्पर्श में अधूरा रह जाता है हर संवाद
एक स्पर्श के मोद में आँखें उठा लेती हैं रतिमंजरियाँ
एक स्पर्श इतना गर्म है कि उसमें पिघल जाते हैं
चुप्पियों के बर्फ़
एक स्पर्श की धुरी पर घूम रही हैं हमारी आस्थाएँ

एक स्पर्श के घेरे में बन्द हो जाती हैं आँखें
इतनी बन्द कि खुलने पर ढूँढ़ती हैं एक और स्पर्श
एक स्पर्श हमारी निजी जगह है

इस जगह पर असंख्य उदयन और प्रियदर्शिकाओं की आत्माओं
का वास है
एक स्पर्श जिसकी छुअन से वंचित रह गये हैं हम
उस स्पर्श की प्रतीक्षा में मैं रोक लूँगी ईश्वर का लेखा
नहीं आने दूँगी प्रलय
दोनों हाथों से रोके रखूँगी आकाश
दोनों तलवों से दबाये रखूँगी पृथ्वी

उस स्पर्श की प्रतीक्षा में मैं अभी नहीं लूँगी अन्तिम श्वास।

निचला ओंठ अधिक चंचल है

उचक कर कोने से दाँत में पहले वही जा गड़ता है
जैसे एक रहस्य टिका हो उस पर
जैसे रहस्योद्घाटन से पहले की भंगिमा
जैसे प्रियतम की पहली पसन्द हो वही
छुआ जाये तो उसी को पहले छुआ जाये
जैसे अधरामृत अमोघ
जैसे वृष्टि, मेघ, गर्जन से भी अधिक चपल
जैसे ऊपरी ओंठ हो अपंग और इसी पर हो दायित्व
देख़रेख का
जैसे ऋतुसंहार में कवि अपनी प्रिया को सम्बोधित
कर रहा हो
जैसे चेहरे पर उभरे रहने के बावजूद निचले
होने की दुआई दे रहा हो
नकारता हुआ इस सत्य को कि दोनों ओंठ समान
जैसे अपरिचय से जुड़ी कोई संवेदना
दम्भ इतना जैसे ऊपरी ओंठ का भार उसी ने सँभाल रखा हो
जैसे उसी पर टिका हो सौन्दर्य सम्पूर्ण
जैसे दन्तपंक्ति के सफ़ेद पर लाल जवा
जैसे ऊपरी ओंठ की सभी ज़िम्मेदारी उसी पर हो
एकान्त में मुस्कुराये तो खींच ले जाये उसे अपने साथ
जैसे अवसाद में खण्डित नायिका का बिछोह गीत
जैसे विरह के अवशिष्ट दिनों में भी रमणीयता

बनाये रखने की कला
जैसे देह के शासन के कार्यभार की सूची
जैसे आठ अध्यायों वाली अष्टाध्यायी
इतना चंचल जैसे काम, क्रोध, मोह, माया, अहंकार
निचला ओंठ अधिक चंचल है

परन्तु
कहो कोई इस निचले ओंठ से
मेरे प्रेयस ने इसे नहीं छुआ
छुआ मेरे माथे को पहले, फिर छुए मेरे नेत्र
इसे तो छुआ ही नहीं।

हमें भिजाये बिना मेघ रहेंगे हमारे बीच

किसी उजली रात में जब तुम खोलोगे मेरा मन
मैं बन्द कर लूँगी अपने ओंठ प्रिये
मैं तुम्हारी पूर्व प्रेमिकाओं के दुःख बढ़ा रही हूँ मेरे आराध्य
मैं अपना ही हाड़ मांस गला रही हूँ प्रेम में
मेरे केश खोलने पर भी नहीं अकड़ता तुम्हारा शरीर
कपास का फूल हो जाता है मन मेरा
अगर कभी ऐसा हो कि हम एक दूजे के हों निकट
और मैं ढाँप लूँ अपना चेहरा अपने ही हाथों से लाजवश
तुम तो इतना साहस भी न जुटा पाओगे कि मेरी हथेलियाँ हटाकर
देखो मेरा चेहरा
मेरे अन्दर का पुरुष पहल नहीं कर पायेगा
तुम्हारे अन्दर की स्त्री लजाती रहेगी
और अन्ततः हम एक कभी न हो सकेंगे
कोई पुष्प हमें खिला न सकेगा
कोई नदी हमें नहीं बहा पायेगी
कोई पेड़ हमारे लिए नहीं बनायेगा ओट
किसी चिड़िया से हम नहीं सीख पायेंगे घोंसला बनाना कोई
परन्तु यह सब रहेंगे हमारे बीच
हमारे बीच एक कठोर जीवन और कोमल मृत्यु हाथ लिए ये सब
हमारी परिक्रमा करेंगे
देव होंगे परन्तु आशीर्वाद न होगा
अग्नि होगी परन्तु कोई फेरा न होगा
पृथ्वी होगी परन्तु कोई कमरा न होगा
हमें भिजाये बिना ही मेघ रहेंगे हमारे बीच।

ढाँप दो निशानाथ को

ढाँप दो निशानाथ को
कुहुकिनी से कहो साधे गान्धार
देवसरिता कराये हमारा स्नान
घनप्रिया से कहो अभी सो जाये
कह दो
इन सब से ऐसा ही करे
ढूँढ़ो तुहिनकण वाली घास
जहाँ हम बैठ सकें पूरी रात
नीले नारंगी सभी स्वप्नों से कहो पहरा दें
घास के उस तरफ़

हम बैठेंगे पूरी रात यहाँ
कोई शोर न हो हमारे मिलन की घड़ी में
दो संकेत हवाओं को ये सावधान रहें
समझा दो इन्हें
ये बासन घिसने जितना सहज नहीं
ये कठिन है
कोई दो प्रेमी जब मिलें
तो उन्हीं के संकेत का पालन करें पृथ्वी, देव और दिशाएँ

हमारा मन बहलाने केवल चिड़ियाँ, तितली और
वैशाखनन्दन आ सकते हैं यहाँ

इनके समान सुन्दर मन किसी और का नहीं
आते समय मेरी एक चप्पल गुम गयी है
कहो लम्बोष्ठ से ढूँढ़ के लाये

अपनी पुतलियों से आओ ठेल दें सबको
यहाँ रुके हम, कहें हम, लजायें हम
भोर में जब हम निकलें यहाँ से
पृथ्वी पूरी पहले जैसी हो जाये
और भाषा भी।

उसकी छवि को देखते हुए

रोटी देर तक चबाती हूँ
और देखती हूँ जैसे किसी गोप ने पृथ्वी के हर बच्चे तक
दूध पहुँचा दिया हो

जैसे तीजनबाई छितरा रही हो पण्डवानी का जादू
जैसे जीवनोदक आ टपका हो पृथ्वी के हर अस्वस्थ पिता के कण्ठ में
जैसे किन्नरेश आ पहुँचे हों मेरे द्वारे

उसकी छवि को देखते हुए लगता है
जैसे कर्नाटक की ढलवाँ ज़मीन पर खड़ी हों
असंख्य चन्दन की खपच्चियाँ
जैसे किसी सुकुमार को यज्ञोपवीत के लिए
'यज्ञोपवीतं परमं पवित्रं' बुलवा रहा हो कोई विशारद
जैसे किसी लिखने वाली सहेली को राष्ट्रीय पुरस्कार
की सूचना मिली हो फ़ोन पर
लगता है जैसे बीहड़ में वर्षा हुई हो अभी–अभी

उसकी छवि को देखते हुए लगता है
जैसे ऊष्मा में प्रेमी ने फूँक मारी हो प्रेमिका के चेहरे पर
जैसे त्रिपथगा में तीन डुबकियाँ लगा कर निकली हो देह
जैसे प्राणप्रिया मार्गी गुनगुना रही हो घर के आँगन में
जैसे मदान्ध मार रही हो प्रेयसी अपने प्रेयस को देख–देखकर
जैसे चाय बाग़ान में औरतें गा रही हों सुमधुर लोकगीत

उसकी छवि को देखते हुए लगता है
जैसे अनेक रानीकीट फिर से पाये जाने लगे हों बाग़ानों में
और प्रत्येक रोमकूप में खिले हों ब्रह्मकमल।

हम सटे थे एक दूजे से

कोहिमा के एक चर्च में हमारा विवाह हुआ
चर्च में बेथलहम जैतून की लकड़ी से बनी एक नाद के बगल में
खड़े हम दोनों पृथ्वी के सबसे सुन्दर दूल्हा दुल्हन लग रहे थे
दजुकोउ घाटी और जप्फु चोटी पर हाथों में हाथ डाले
घूम रहे थे हम
अचानक ...
अचानक स्वप्न टूटा
घड़ी देखी थी तो भोर के चार नहीं बजे थे
ये सब स्वप्न था
हाँ स्वप्न ही तो था
फिर याद आया पिछली दफ़े कैसे लड़े थे हम
साईबेरियन बाघ और तिब्बतियन भेड़िये की तरह

दो अलग–अलग दिशाएँ थे हम
दोनों का कोई मेल नहीं
एक अन्तरीप तो दूसरा सियालदह जंक्शन
एक भारत का संविधान तो दूसरा संघ
एक मणिपुर तो दूसरा पुरानी दिल्ली
एक लोकटक झील तो दूसरा पथरीला पहाड़
कैसे रिझाया था अर्जुन ने चित्रांगदा को
एक शिरोई लिलि पुष्प देकर
कैसे रिझाओगे तुम मुझे
कोई पुष्प, कोई पत्ता, कोई बेलपत्र तक ना रखा मेरी हथेली पर
आज तक तुमने

उतना ही तो सटे थे हम एक दूसरे से जितना जलपाईगुड़ी की
अन्तरराष्ट्रीय सीमा से सटा है भूटान
जैसे क्षितिज
जैसे पिता की सुराही से सटा रहता था माँ की सूती साड़ी का
फटा हुआ एक हिस्सा
माँ सुराही को ठण्डा रखने के लिए रोज़ कपड़े को गीला करके
सुराही से लपेट देती थी
उतनी भर ही तो महक थी तुम्हारी जैसे
रसोई में पंच फोरन की महक
जैसे सक्या मठ के प्रार्थना कक्ष में फैली धूपबत्ती की महक
जैसे शिशु के ओष्ठ पर फैली हो माँ के स्तन के दूध की महक

तत वितत, सुषिर, घनवाद्य, अवनद्ध
संगीत गूँजता था हमारे कानों में
आँखें बन्द करते थे हम
और पहुँच जाते थे एक दूसरे के पास
तितिक्षा भर शक्ति थी हमारे अन्दर
धार चढ़ रहे थे हम
पानी उतर रहा था तीस्ता में
उधर मैं धागा बाँध रही थी हमारे मिलन के लिए

हम एक दिन उभरेंगे चेचक की तरह
लाल दानों की तरह दिखेंगे
सिरदर्द, भूख की कमी और बुख़ार की तरह
ख़त्म हो जायेंगे एक दिन
ना तुम मुझे गले से लगाओगे
ना मैं तुम्हारा माथा चूमूँगी
हम बिछुड़ जायेंगे एक दिन
पृथ्वी के शून्य में।

तादात्म्य

हम एक–दूसरे की जीभ के नीचे
घुलते रहे
अपनी धाराप्रवाह को धार देते–देते
हम पंजर–पंजर हो गये
और इस तरह हम

आशीर्वाद देने वालों
की ग़ैरहाज़िरी को ड्राफ्ट में
ठूँसते रहे

कुछ नामचीन प्रेमी हमारे अन्दर
जब तब प्रवेश कर जाते थे
और हम रतिनाथ से अपनी रमणीयता
का लोहा मनवाते थे
हम दूरियों की निबौरियाँ चख रहे हैं

हम छोटी–छोटी मृत्यु हर रोज़ मर रहे हैं
हम धूँ–धूँ जल रहे हैं
हम कुछ चालाक लोगों की अदालत में
जब तब हाज़िर किये जा रहे हैं
हम ब्रह्म की खिल्ली भर हैं

हम एक खमण्डल दूर हैं एक दूजे से
बावजूद इसके भी हम ऐक्य हैं
तादात्म्य हैं।

प्रेम

ईश्वर ने हमारी कामनाओं को दिल पर नहीं
अपने अट्टहास पर लिया
ओट में छिपा प्रेम
हमारी कठोरताओं पर ठहरा
ठहरा हमारे अशरीर मिलन पर
अपनी लालिमा लिए

प्रेम उस दूध की तरह लगा जो अभी–अभी दुहा गया हो
गुनगुना, पवित्र, मीठा

हम एक अण्डे की तरह टूटे और हमारे
अन्दर से हम फिर से निकले
एक नया रूप लिए

प्रेम ने हमारे ओंठ काटे और हमें जूठा करके चला गया

प्रेम
टापुर–टुपुर करता हुआ भिजा रहा है हमें
प्रेम एक धराधिपति की तरह हमारी रक्षा करेगा
प्रियतमा प्रतीक्षा मार्ग देखती है
प्रातःकाल से रात्रि तक देखती है
केश सुगन्धित करने वाले धूप के धुएँ में देखती

है प्रियतम को
पक्षियों को घोंसलों में लौटते देख
अपनी थकान मिटाती है
पार्वती के समान माथा नीचे लुढ़काकर
कमल की पंखुड़ियाँ गिनती हैं
प्रतीक्षा में उसका रोष बढ़ रहा है
वह क्लान्त होकर गिर जायेगी
रात्रि को सौंप देगी अपने महाकाव्य
हिरणों और हाथियों को दे देगी अपने गीत
गँधायेगी रति की तरह
रति की भाँति
पालेगी अपने प्रियतम को अपने मन में पुत्र की तरह
प्रेम
पोस लेगा प्रियतमा को, प्रियतमा पोस लेगी अपने प्रियतम को।

आलोलित मन

उस वृष्टि जल में तुम कितना काँप सके जिसमें
भीजे थे सन्ध्या तक
चार घास जो तोड़े तुमने प्रिया से बात करते हुए,
क्या उससे हरा हो सका तुम्हारा मन
जिस हदय को बार बार तुमने तोड़ा,
उसे ही जोड़ने के जिए तोड़ लिया एक लाल पुष्प
लाल सदैव प्रेम को समर्पित नहीं
इतने तोड़ से जुड़ नहीं सकता कुछ भी
लाल रंग देह के अंदर ही सुख देता है

मिथ्या, ज्वर, पीड़ा, विरह
सब सहा मन ने

आलोलित मन
छूता है आलोक, छू लेता है वृष्टि जल
संसार का सूखा छूता है
कुछेक बार उप–दिशाएँ छूता है
निशाप्रेतों को छूता है
छूता है पृथ्वी का भुरभुरा
आलोलित मन
प्रत्येक चीज़ छूते हुए कहता है
यह संसार जल हो जायेगा एक दिवस।

स्वप्न टूटकर कहाँ जाते हैं

जिस छोटे लिफ़ाफ़े में आवेदन–पत्र रखकर भेजा था बड़ी नौकरी के लिए
उस लिफ़ाफ़े में पत्र के साथ एक स्वप्न भी गया था
उल्लोकित दृष्टि जो उठी थी ऊपर
उसमें से एक स्वप्न निकलकर उठ चला था आकाश की ओर
एक स्वप्न जो पिता के साथ ही अग्नि में जला
वह स्वप्न जो पिता कि साथ ही अग्नि में जला
वह अब तक राख नहीं हुआ है
जिस वेग से भागे थे हम अपने स्वप्नों की ओर
उतने ही वेग से टूटे से स्वप्न

एक स्वप्न सत्यजीत रे की फिल्म में जा बसा था
वह स्वप्न नायिका में तब्दील न हुआ अब तक
एक स्वप्न मिल्खा सिंह के साथ–साथ भागता है
एक स्वप्न तो इतना हठी है कि सौ बार टूटकर भी अपना शीश उठा लेता है
वह स्वप्न जो प्रिय के कटुवचन से टूटा था, वह इतना सहम गया है कि वह हर एक आँख से दूर रहता है
स्मृतियों से सुसज्जित एक स्वप्न, अपनी मृत्यु से डरता है, यथासम्भव प्रयास है कि नर्तकियों से समीप रहे, वही सुख पाता है
अपना उपचार स्वयं करता है।

एक स्वप्न आँखों से बाहर नहीं आता
भय खाता है संसार से
आलस्य और धूप से भरा एक स्वप्न बारह मास चाहता है ऋतु शीत

आयु कितनी है इन स्वप्नों की
कौन दिशा, कौनसी प्रजाति इनकी
टूटते सभी स्वप्न

कहाँ जाते हैं स्वप्न सभी टूटकर
स्वप्नों को कोई मोक्ष नहीं
कोई देह न मिल सकी इन्हें
जल लेते आकार पात्र का, हवा करती स्पर्श
स्वप्न आकाश और स्पर्श के ईश्वर की ओर एक शिशु की भाँति
ताकत है

समुद्र में फेंका मैंने एक स्वप्न, पथों पर अनाथ छोड़ा
एक स्वप्न रेल की खिड़की से बाहर उछाला
मिट्टी में दबाया, किताब में छिपाया
बड़ों को प्रणाम करते समय मन में कहा
दस्तख़तों में लिखा
सभी टूटे स्वप्न जो मृत पड़े हैं, उनका मुख–लावण्य उजला है
वे मरने के बाद भी नवजात से लगते
टूट जाते है जो स्वप्न, वे कहते हैं हमसे
जन्म देकर अनाथ किया

रिश्तेदार नहीं, सबसे अधिक स्वप्न रोते हैं हमारे मरण पर
हम मरकर चले जाते हैं
स्वप्न मरकर भी हमें छोड़कर नहीं जा पाते

प्रेमि मूर्छित होकर गिरने के लिए बने हैं

प्रेमिकाओं की सात ग्रीवाएँ और अट्ठारह आँखें होती हैं, प्रेमी ऐसा
कहकर प्रेमिका की गोदी में धँसा देता है अपना सिर
आँखें मूँदकर कहता है इस समय मुझसे अनाथ कोई नहीं
रुष्ट प्रेमिका के पूछने पर कि क्या वह सात ग्रीवा वाली राक्षसी है
अट्टाहास से भर देता है घास, दूर्वा, बाग़ान
सात सुरों के सात कण्ठ, सात कण्ठों के सात ग्रीवा, नवरत्न और
नवरतन की अट्ठारह आँखें
प्रेमिका की हथेली में फँसाकर अपनी उँगलियाँ कहता है यहीं इसी
जगह प्रेमी मूर्च्छित होकर गिरने के लिए बने हैं

बारिश के भेष में चली आती है पिछले साल की पीड़ाएँ मुड़–मुड़कर
मिट्टी में नहीं, मेरी देह में जल आ धँसता है
जल पुनः मेरी देह का वाष्प बनकर ही मेघों पर जा अपनी शीश
ऊँचा करता है
प्रेमी की मूर्च्छा भंग होने पर आयेगी अगली ऋतु, मधुमक्खियों का
गर्भ बनेगा, पृथ्वी का रंग पलटेगा
वे पूर्च्छित न हों तो नहीं खिंच पायेगा ईश्वर से संसार,
प्रेयसियाँ नहीं कर पायेंगी स्नान
सत्य है, प्रेमी मूर्च्छित होकर गिरने के लिए बने हैं।

पहर तृतीय में जीवन जिया

पहर तृतीय के प्रत्येक दिवस, अयन, पक्ष और वर्श में मात्र यही किया
कुन्दों, नावों, डाकियों और उछाहों के विषय में सोचा, एकान्त को
छला
अन्य पहर त्राम त्राम धेई की ध्वनि से सूर्य नमस्कार किया
पदोपरांत यह कहते हुए कि कमर और घुटना पीड़ा दे रहे हैं
राग मल्हार कानों में उँड़ेल लिया
प्रत्येक आने–जाने वालों को अनुनयपूर्ण
नमस्कार किया
ठाह, दुगुन, चौगुन कुमारियों को सिखाया
मीठे फल खाते हुए कड़वे अनुभवों को कोसा
पंचक्रोशी यात्रा की योजनाएँ बनायी
प्रेम किया कम–कम
नंगे पाँव भागी अधिक
पहर तृतीय में ही जीवन जिया
बाकी पहर मात्र श्वास खींची।

स्तनों से लाज नहीं आती

अपने स्तनों को देखकर लाज नहीं आती
अपने स्तनों को देखते तुम्हारे चक्षु को देखकर लाज आती है
चक्षु के भीतर बैठे दैत्य को देखकर लाज आती है
उस पुतली के एक–एक तन्तु को देखकर लाज आती है
उसी पुतली से देखते हो तुम अपने माता–पिता और ईश्वर
उसी पुतली से देखते हो तुम अपनी पुत्री,
किसने दिये तुम्हें ये चक्षु?
नासिकेतोपाख्यान में तो न लिखी है इस तरह से स्त्रियों को ताकने की कला
न कामदेव ने उपदेश दिया इस पर कि ताकते रहो स्त्रियों के स्तनों को एकटक, मुक्तिसुख मिलेगा तुम्हें

अवश्य ही तुमने अन्य पुरुषों को ताकते देखा होगा तुम्हारी ख़ुद की पत्नी के स्तन
अवश्य ही इसका प्रतिकार ले रहे हो

सुख स्तनों में नहीं, न ही उसकी देह में
असल सुख उसके मन में है, वहीं पहुँचकर बढ़ा सकते हो अपनी माँ की आयु
वहीं पहुँचकर पा सकते हो प्रेम
स्तन में नहीं मन में लिखी है तुम्हारी मुक्ति।

प्रेम में मात्र प्रेम ही किया

पात्र, प्रायोग, बल, बुद्धि, सौन्दर्य से नहीं
न ही प्रयोग, समृद्धि, ताल, रस, ज्ञान से
आभूशण एवं वस्त्रों से भी नहीं
न ही शिल्प–चातुर्य, उल्कापात एवं मानुषी सिद्धियों से
प्रेम उमड़ता है मन में भाव से

परिणत थे तन में करुण, रौद्र, शान्त रस सभी
एक वात्सल्य रस जागा, उमड़ा जब प्रेम
अध्येताओं को पढ़ा मध्यरात्रि
रूप, यौवन, युक्तियों और धन को रखा पीछे
आगे रहने दिया शिशुओं, इतिहासज्ञों, आघातों और मिथ्याओं को
जिन्हें अपनों ने सजाकर बताया

प्रेम में चेष्टाएँ न की
न श्रृंगारवर्णनाध्याय पढ़ा कभी
रति के अंगभावों को स्मृति में नहीं रखा
न ही सुगन्धित द्रव्य मला देह पर
प्रेम में मात्र ठहरी रही
प्रेम में मात्र प्रेम ही किया
धीर–ललित मन से मात्र प्रेम किया।

कवयित्रियाँ नवयौवनाएँ बनी रहेंगी

कविता तुम्हें देगी अन्धकार जितना तुम चाहो

कविता तुम्हें दे सकती है अन्धकार
उतना अन्धकार जितना तुम चाहो
इतना अँधकार तुम्हें असंख्य सूर्य भी नहीं दे सकते
सूर्य तुम्हारी आँखें बन्द कर सकता है
कविता अन्धकार में तुम्हारी आँखें खुली रख सकती है
अन्धकार उजाले को ख़ारिज नहीं करता
अपने गर्भ में रख लेता है
कविता तुम्हें जीवित रखने के लिए खनिज दे सकती है
कठिन समय के लिए गुनगुनाहटें दे सकती है
कविता तुम्हें एक स्त्री का मन दे सकती है, जो कई–कई
पुरुषों ने ठुकरा दिया होगा
कविता तुम्हें अजायबघर के रहस्य दे सकती है
तुम्हें मनुष्य बने रहने के सौ कारण दे सकती है, जिसे तुम भुना
सकते हो हर दिवस
कविता तुम्हें प्रेमपत्र छिपाने की जगहें दे सकती है

मृत्यु तो मुझे कोई भी दे सकता है
कविता मुझे जीवन दे सकती है।

अठोतरी*

आठ सहेलियों में चर्चा का विषय था कि अश्रु बहकर कहाँ चले जाते हैं
पहली सबसे बड़ी उम्र की लड़की ने कह दिया नीलोत्पला में जाकर मिल जाते हैं
सहसा किसी ने पूछा अनुकांक्षाएँ जो पूरी नहीं होतीं वे कहाँ शरण पाती हैं
दूसरी लड़की जिसके पिता धमतरी में पत्थर काटते थे कह उठी सिहावा में जम जाते हैं
जब पूछा गया कि पीड़ा में भी मुड़ जाने की लचीली कला देह के किस अंग में है
गौना हुआ था जिस तीसरी लड़की का धीमे स्वर में बोली जाँघों में
हम सब ताकते रह गये उसे
चौथी लड़की जो कुम्हड़ा सिर पर रखकर चली आयी थी बोली
जब बना चुकी होगी चूल्हे में अपनी देह झोंककर तरकारी रोटी खा लेंगे सभी
पर मेरी देह की गन्ध से स्नेह नहीं करेगा कोई
पाँचवीं लड़की की कामना थी कि वह ऐरावत की सवारी करे
ऐसा कह देने भर से ही सब ने उसकी ख़ूब खिल्ली उड़ायी
अल्लम–गल्लम बकते रहे सब छठी लड़की अन्धी थी
माँ बाबा मर चुके थे कहने लगी पता नहीं कौन उसकी छाती मसल देता है जब–तब।

*अठोतरी– एक सौ आठ मनकों की माला

गन्ध से पहचानती है तो दादी डाँटकर समझा देती है चाचा के बारे में ऐसा नहीं कहते पाप लगता है दण्ड मिलेगा, उसकी आँखों में झोंक दिया गया था दण्डविधान
सातवीं लड़की को ख़ूब पढ़ाई करनी थी देश–दुनिया घूमना चाहती थी
अजायबघरों पर किताब लिखना चाहती थी
एक घर ख़रीदेगी परिवार के लिए अच्छी नौकरी लगने पर अभी प्रतीक्षा में है
पिता ने कन्या छात्रवृत्ति योजना में फॉर्म भरा है
आठवीं लड़की सोच रही है उसे क्या कहना चाहिए
किस विषय पर बात करे
यकायक उठकर सबको गले से लगा लेती है
आठों सहेलियाँ खिलखिलाकर हँस देती हैं

आठ लड़कियों के आठ दुःख आठ सौ लड़कियों के होंगे आठ सौ
और इस तरह जितनी लड़कियाँ उतने दुःख
किस अठोतरी में इतनी दिव्यता जो जप कर लेने से मिट जायें इनकी पीड़ाएँ
आठ लड़कियों के लिए एक सौ आठ मनकों की एक अठोतरी निर्रथक है
निर्रथक है अठोतरी।

जीवन कितना अशान्त है

जीवन कितना अशान्त है
मुझे पन्नों के पलटने की आवाज़ें भी युद्ध लगती हैं
किसी तितली की फड़फड़ से लगता है
कोई बम गिरा है
बच्चों की करवटों से कान सुन्न हो जाते हैं
पुस्तकालयकर्मी की मुस्कान एक यातना लगती है
इस गम्भीर बीमारी के बारे में पृथ्वी का एक रेशा भी ईश्वर से ज़िक्र नहीं करेगा

अब मैं एक चौकस बर्फ़ीला शहर हूँ
मेरे हिमपात से धन अर्जित किया जा सकता है
मैं चोरी से एकतरफ़ा प्रेम कब तक निभाऊँ
मेरी तो किसी बनविलाव से दोस्ती नहीं
मैं बच्चों की पहाड़ सी ऊबड़–खाबड़ दुनिया में क्रान्ति कैसे लाऊँ
मैं पिछले जन्म में चे ग्वेरा की प्रेयसी तो नहीं थी
मैं कैसे करूँ घायल प्रहरियों की रक्षा
मैं एक डॉक्टर की प्रतीक्षा में घाव से बहा हुआ रक्त हूँ

मुझे अपने घर के पीछे एक बाग़ान चाहिए था
मैं बाग़ान की कल्पना से मोहित हो जाती हूँ
मेरे शरीर का नमक लौट आता है इस कल्पना से कि किसी दिन
मेरा एक अपना बाग़ान होगा

मैंने उसके साथ बैठकर कोई चलचित्र नहीं देखा
सब कुछ तो बनावटी होता है उसमें
मेरे साथ बैठकर चलचित्र देखता तो अपनी मासूमियत खो देता
अनायास ही चलचित्रों पर चरित्रहीन होने का दोष पड़ता
केवल खिड़की, रहस्य और झूठ
ही नहीं खुलते
उसके सीने की गन्ध मेरे सीने पर खुलती है
ऐसा मैं जब भी सोचती हूँ
तो सोचने की कगार पर एक असाध्य ढलान से नीचे ढुलकती
हुई अपने बिस्तर
पर इकट्ठी हो जाती हूँ
यही मेरे दिन का अन्तिम उत्सव होता है
जैसे कुम्हार की पत्नी का अन्तिम उत्सव माटी है
पेड़ का अन्तिम उत्सव है मृतक की शैया
और
ख़रगोश का अन्तिम उत्सव है शेर की आँतें

मैं जिस नौकरी में हूँ
वह मुझे कम पसन्द है
कुर्सी पर बैठे–बैठे साँसों को आने देती हूँ
हवाएँ तो पुष्पों के प्रेम मे है
देह में प्रवेश तो करती हैं
परन्तु पुष्पों की महक को बाहर ही छोड़ देती हैं
मुझे एक रूपहीन चोर समझती है
इन्हें पता ही नहीं कि मैंने आज तक एक भी पुष्प
डाली से नहीं तोड़ा

और इस तरह
ना ही तो मैं पर्याप्त मात्रा में रोटी जुटा पा रही हूँ
ना ही लिख पा रही हूँ दुनिया की सबसे सर्वश्रेष्ठ कविता।

मन की चाह

कविता दुःख के फाका दिनों में ठिठोली
करती हुई कन्धे पर बैठकर पूछती है
"मैं भारी तो नहीं?"

कविता दुर्दिनों में छायापथ पर
फूटती है मानसिक विकास की तरह
ये कहती हुई कि उसे ख़ुशी नुक्कड़ पर ऊँचा बोलने से नहीं मिलती

कविता मेरे दुःख की शाखा से बाहर टहलते हुए जताती है कि आकाश उसके लिए एक बाधा है और पृथ्वी पुण्यतिथियों का हिसाबदाँ

कविता मेरे संघर्ष के दिनों में मेरी टूटी चप्पल में भी रह सकती है एक रुतबे की तरह

मेरा प्रयत्न है कि मृत्योपरांत जब कविता मुझे अपने कन्धों पर ले तो मैं कविता को भारी ना लगूँ

कविता पहुँचे मुझ तक पहले
धन, स्वर्ग, मोक्ष पहुँचे बाद में।

तभी अचानक

जब तुम विष्णु से बचते बचाते लक्ष्मी ले उड़ाने की सोचोगे
तभी अचानक
बैकग्राउंड में बज चुका होगा महामारी का कनफाड़ूँ संगीत

जब तुम तैयारी कर रहे होगे
अपनी सबसे औघट योजना को अंजाम
देने के लिए
तभी अचानक
कोई तुम पर हँस देगा निर्लज्जता से

जब तुम वरुण धवन के अन्दाज़ में
किसी लड़की के दिल में वायरस की तरह प्रवेश करना चाहोगे
तभी अचानक
वो अपना दिल किसी और को दे चुकी होगी

जब तुम चाहोगे अपने बॉस से
तनख़्वाह बढ़ाने की बात कर सको तभी अचानक
पूरा ऑफ़िस तुम्हें 'सुरक्षित रहना' कहता नज़र आयेगा

अटकी है तुम्हारी घड़ी की सूई
जूते तुम्हारे लम्बी नींद सोये हैं
कपड़ों पर रेंग रहे हैं सारे कीटाणु

बाज़ार कितने अनुशासित हैं
कोई लड़की नहीं छेड़ रहा इन दिनों
किसी की पॉकेट नहीं मारी जा रही
गहने ज़ेवर नेगेटिव्स की तरह सूख रहे
खुलकर तेज़ आवाज़ में हँसने वाली लड़कियाँ
इंस्टाग्राम पर पाउट तक नहीं करती

बेध्यानी में पढ़े गये मेडिक्लेम की शर्तें याद
आयेंगी तुम्हें रामायण में विभीषण को देखते हुए
किसी नन्ही चींटी के घर में दिख जाने
भर से सायरन की तरह बज उठोगे तुम

स्क्रीनशॉट्स और रिकॉर्डिंग्स रख लेना
बना लेना एकान्त में तकिए को प्रोजेक्टर
देख लेना उसमें अपना महबूब

कहाँ उतार पाओगे अब अपनी तस्वीरें
कोई मक्खी या कॉकरोच देखते ही
कैमरा याद आयेगा
चिड़ियाँ और जानवर ब्यूटी एप्स इस्तेमाल नहीं करते
ख़ूब कोसते थे सोमवारों को
अब क्या महामारी में इतवार से दिल लगा पाओगे?

व्यस्त मनुष्यों को छोड़ दो

व्यस्त मनुष्यों को छोड़ दो उनकी
व्यस्तताओं के साथ
तुम उनकी व्यस्तता में दख़ल दोगे तो दुःख पाओगे
वे तुम तक लौटेंगे किसी दिवस अपने व्यस्तता से बने किसी
अचम्भे के साथ
मत करो उन्हें फ़ोन
न दो कोई सन्देश
ऐसा करके तुम एक बुरे दोस्त साबित होगे
जीवन बीतेगा, रीतेगा, जीतेगा, रोयेगा, धोयेगा, खोयेगा
चलते रहना तुम हर राह, हाट, बाज़ार
छाँव भले ही न लिखना बन्धु
लिख देना धूप ज़रूर
लड़की अगर कला है और लड़का व्यवसाय
तो लड़की की मुश्किलें बढ़ जाती हैं
मत देखो तुम लड़का, लड़की और उनकी व्यस्तता
छोड़ दो वह सब कुछ जो तुम्हें नहीं थाम सकता
व्यस्त मनुष्यों को छोड़ दो
उनका सुख इसी में समाहित है
तुम्हारा भी।

टटोल भरी सन्ध्या के पात्र

उँगलियों से टटोल का एक देश बँधा था
उँगलियाँ उदासी से अभिशप्त रहीं
उँगलियाँ खोज में लगी रहीं
वे किसी चरित्र में नहीं, विस्मय में ढलीं
उनके रोमछिद्रों में हवा जाती रही, निकलती रही
रोमछिद्रों में कोरस का गुँजान रहा
तुम्हारी उँगलियों में फँसी तो थोड़ी ढीली पड़ी
जैसे चित्रगुप्त अपना मस्तक लेकर आये और कहें
टटोल लो मुझे
छत पर बैठी तो उँगलियों ने हवा टटोली
पुस्तकालय में बैठी तो टटोलती रही चन्द्रकान्त देवताले
अजायबघर में ठहरने पर टटोले कलाओं के उद्देश्य
कल्पना में लगी रही बीज के टटोल में
खिड़कियों से सटी रही आँखों की टटोल
आकाश नीले बँधे रहे पक्षी
मन ने जब जब सहना सीखा मैं टटोलती रही
अपने लिए स्वप्न
कोई पुकार हवा को चीरती हुई जब–जब कानों से टकरायी
उँगलियाँ हवा को दरकिनार करके टटोल ली पुकार

ये उँगलियाँ टटोल भरी सन्ध्या की नायिकाएँ हैं
उँगलियों को आँखों की ज़रूरत ही नहीं पड़ी
मात्र टटोल–भर से उँगलियाँ समृद्ध हुईं।

पार्थिव शरीर के बगल में

चिन्मय घोष नहीं रहे
वे रहते तो सध जाते कई काम
बर्तन बेहतर चमचमाते, पंखों पर कभी धूल न जमती,
जाले कहीं नज़र नहीं आते
पिता के खादी कुर्ते साफ़ धुलते
माँ की ताँत साड़ियों में माड़ अच्छे से दिखायी देता
हम बच्चों को मछली–भात के साथ गोभी के डण्ठल की
भाजी बराबर मिलती
बतख़ के उबले अण्डे शाम को हमारे हाथों में
रख दिये जाते

परन्तु अब
चिन्मय घोष नहीं रहे
बीमार माँ कम ही उठती थी पलंग से
पिता बिजली विभाग के प्रति इतने कर्तव्यनिष्ठ कि
अपने हिस्से का समय भी वहीं दे आते थे
भाई इतना छोटा था कि चिन्मय घोष की गोदी में
ही अँगूठा चूसते हुए सो जाता था
अब घर कौन सम्भालेगा
तीनों बिल्लियों को किसी ने दूध नहीं पिलाया था उस दिन
बिल्लियों ने माँगा भी नहीं
पिता ने छुट्टी ली थी तेरह दिनों के लिए।

चिन्मय घोष नहीं रहे
पार्थिव शरीर के बग़ल में बैठकर लोग चिन्मय घोष
को ईश्वर बना रहे थे
एक वफ़ादार नौकर के गुण गा रहे थे
सभी को चिन्ता थी नया नौकर कब मिलेगा
कैसा होगा
सभी अपनी–अपनी जानकारी अनुसार कुछ नाम सुझा रहे थे
छोटा भाई सोच रहा था घर में कोई उत्सव है

चिन्मय घोष नहीं रहे
वृष्टि बहुत तेज़ गिर रही थी उस दिन
पूरा आँगन मिट्टी–मिट्टी हो चुका था
काकी को चिन्ता थी सफ़ाई कैसी होगी
चिन्मय घोष मिट्टी हो गये
इसका दुःख केवल पिता की आँखों से बह रहा था

बड़े फूफा ने एक औरत बुलवायी है बेलगोड़िया से
अब वह चिन्मय घोष की जगह लेगी
नयी औरत चिन्मय घोष कैसे बनेगी
माँ बाबा जैसा दुलार कर पायेगी
स्कूल जाते वक़्त हम बच्चों को दो रुपये देगी
हमारी शैतानियों में साथ देगी
पार्थिव शरीर के बग़ल में बैठकर
मेरा मन पार्थिव हो चुका था
चिन्मय घोष नहीं रहे।

मुझे मिलना है हिक्किम के रिंचेन शेरिंग से

एक दिन अवश्य ही मुझे हिक्किम जाना है
जहाँ है दुनिया का सबसे ऊँचा पोस्ट ऑफ़िस
वहाँ के पोस्ट मास्टर से मिलना है मुझे
मुझे मिलना है एक दिन हिक्किम के रिंचेन शेरिंग से
उसके पैरों की बिवाइयों की तस्वीरें उतारनी हैं
हिक्किम के चप्पे–चप्पे में घूमना है उनके साथ
बैठना है पोस्ट ऑफ़िस में, पीनी है उनके साथ चाय
देखने हैं उनके हाथ
वही हाथ जो बाँट चुके हैं अब तक लाखों चिट्ठियाँ

वह जगह जिसे छोटा तिब्बत कहते हैं
वहाँ के बड़े–बड़े क़िस्से सुनने है
मुझे रिंचेन शेरिंग के साथ याक सफ़ारी करनी है
उन्नीसौ तेरासी से नौकरी कर रहे रिंचेन के अनुभवों
पर एक पाण्डुलिपि तैयार करनी है
जब साल में छः माह बर्फ़बारी होती होगी
तो कैसे समय बिताते होंगे रिंचन
ये जानना है मुझे
स्पीति घाटी के किसी मठ में बैठकर उनके साथ सेल्फ़ी उतारनी हैं
सूरज ताल और दशिर झील के पानी का छपाक बनना है मुझे।

वही झील किनारे उन्हें ये कविता सुनानी है
उनकी झुर्रियों की आँकी–बाँकी लकीरें किस देश को जाती हैं
ये देखना है मुझे
आज जहाँ कोई किसी की नहीं करता चिन्ता, नहीं लिखी
जाती चिट्ठियाँ, नहीं पहुँचाये जाते सुन्दर सन्देश
मुझे मिलना है रिंचे शेरिंग से जिन्होंने चिट्ठियों को ही
अपना कर्म माना हो, चिट्ठियों को ही अपना तीर्थ और अपनी
प्रेयसी से ज़्यादा चिट्ठियों को ही छुआ हो
ऐसे रिंचेन शेरिंग से मिलना है
एक दिन।

कहो मृत्यु

कहो मृत्यु
क्यों तुम्हारे होंठ चुम्बन
देते वक़्त नहीं फड़फड़ाते?
तुम्हारी संगीत में तो कोई रुचि नहीं
कैसे बनी तुम जीवन का पार्श्वगीत?

दुर्दान्त समय में तुम कैसे
बनी प्रेम की तीसरी आँख?
क्या तुम ईश्वर का अभिमान हो हे मृत्यु?
या हो प्रेमियों का साधा हुआ लक्ष्य?
क्या अन्धत्व तुम्हारा गोत्र है हे मृत्यु?

करो कोई ऐसी व्यवस्था हे मृत्यु
कि जिनमें भरा हो दारुण दुःख उन्हें तुम
ले जाओ ममत्व से बिना किसी कष्ट के
तुम एक जय–घोष की तरह उच्चारो उनका नाम
उन्हें ओढ़ाने के लिए तुम्हारे पास हो लंक लाट*

कहो मृत्यु
क्यों किया तुमने कवियों से सच्चा प्रेम?

---

*लंक लाट–एक प्रकार का चिकना और मोटा कपड़ा

चुनीबाला देवी के लिए

मरभुक्खी[1] जैसी दिखती थीं वे
चेहरे पर इतनी झुर्रियाँ जैसे नक्शे पर इधर से
उधर दौड़ रही हों कई रेखाएँ
एक पुरानी गन्दी साड़ी से ढँकी रहती थी उनकी देह
देह भी ऐसी जो एक लकड़ी के सहारे के बिना बेकार
बूढ़ी इतनी कि कोलकाता से भी उम्र में बड़ी लगती थी
उनकी पीठ इतनी झुकी थी जैसे क्षितिज पर
झुका रहता है आकाश
देखते समय उन्हें कस के ज़ोर लगाना पड़ता था

चेहरे पर लावण्य ऐसा कि कोई मुनाल[2]
उतरा हो पहाड़ से
दुर्गा के दो नासपाती और दो केले से ही इतनी प्रसन्न हो
जाती थी जैसे कई बाग़ान उनके नाम कर दिये गये हों
एक हरी मिर्च लेने चुपचाप घुस जाती थी रसोई में
बदले में डाँट खाती थी
अभिनय ऐसा जैसे कोई मँजा हुआ कलाकार
कैमरे से खेल रहा हो
एक रेड लाइट एरिया से ढूँढ़ लाये थे सत्यजीत रे उन्हें
वे थोड़ी–सी ना–नुकुर के बाद ही मानी थी
पौथेर पांचाली में बूढ़ी औरत के रोल ने उन्हें इतनी

ख्याति दिलायी थी जितनी की उन्हें पहले की गयी दो
फ़िल्मों और नाटकों से नहीं मिल सका था

उनकी मृत्यु और शव–यात्रा के सीन पर
माँ ख़ूब रोती थीं
दादी को बड़े जतन से रखती हुई माँ ये ध्यान
रखती थीं उन्हें एक शिशु की तरह ही बरता जाये
चुनीबाला के लिए ही माँ बार–बार पाथेर पांचाली
देखती थी
आज दादी नहीं, माँ भी नहीं
चुनीबाला को बार–बार देखती हूँ
माँ के लिए ऐसा करती हूँ
आज माँ होती तो चुनीबाला देवी जैसी ही दिखती।

---

1 मरभुक्खी–भूख की मारी हुई।

2 मुनाल–सिर पर कलंगी युक्त एक सुन्दर पहाड़ी पक्षी।

ओ बिदेसिनी

एक ठेले के पीछे दो बैल दिखे तो लगा प्रेमचन्द के हीरा–मोती आये हैं
उधर गंगा आरती के समय
एक हज़ार ज्योतियों में उतर रही थी गंगा
भीनी गन्ध में शंख–घोष की ध्वनि से तर रही थी आत्मा

आयी हुई लहर ओझल हो जाती है
जैसे जंगल में कोई हिरन उछलकर यकायक ओझल हो जाये
तारे आकाश में ताकते हैं एक–एक मनुष्य को
रावणहत्था बजाते हुए बिदेसिनी चेहरे से अपने बाल हटाते हुए ताकती है पाँचों दिशाएँ
नृत्यरत गंगा जैसे उठ जाना चाहती हो आकाश की ओर
तट पर पानी के निशान धुल–धुलकर पानी हो जाया करते थे
दामिनी आती है आँखें ततेरते हुए पृथ्वी को बनाती है निशाना

ओ बिदेसिनी
तुम्हें कौन छोड़ गया इस देस
यह पेट लिए क्या कमाओगी बिदेसिनी
ठुकरा दी गयी हो
कैसे उठ पाओगी
परन्तु तुम हिम्मत न हारना बिदेसिनी
कोई नीरव प्रार्थना तुम्हें न्याय नहीं दिलायेगी

यह हवा तुम्हें केवल साँसें देगी
अन्न, धान, मान तुम खुद ही दोगी खुद को
उठो बिदेसिनी जूझो अब
भिड़ जाओ, छीनो, लड़ो, हुँकारो
ओ बिदेसिनी
अपना लो देशी पैंतरे
तुम दुःखों के लिए नहीं
खिलखिलाने के लिए बनी हो, ओ बिदेसिनी।

और एक दिन मेरी मृत्यु हुई

घने आकाश के नीचे
भारी पृथ्वी के ऊपर
जैसे पीले वस्त्र में लिपटी रहती है तुलसी
वैसे ही मुझे भी ढाँप दिया गया कपड़े से
पूरा जीवन इसी मरण की तैयारी में बीता
कितना कोलाहल था मेरे जीवित रहने पर
ठीक उसके विपरीत शान्ति थी अब
मेरा निर्जीव दराज़, मेज़, किताबें, क़लम, कपड़े मेरे जिन पर आज
तक काली चर्चाएँ होती रही
आज सफ़ेद चर्चाएँ चल रही हैं
आज वे सब आकर्षण का केन्द्र बने थे
विलाप झन्ना रहा था
बिल्लियाँ दूध के कटोरों को ताक रही थीं
आज मेरी कविताओं को कालजयी कहा जा रहा था
यह सब थोड़े समय तक ही रहेगा
अब मेरी जगह नहीं लेगा कोई
कोई मेरे विषय में अनर्गल नहीं कहेगा
सुबह चार बजे नहीं उठेगा कोई
कोई नहीं लेगा शावकों के साथ सेल्फ़ी
कल्पना में कोई यह नहीं सोचेगा कि कबूतरों पर भी कोई गद्य–
कविता लिखी जाये
जाड़े की धूप में चेहरे पर चुन्नी डाले कौन सोचेगा कि आने वाली

होली पर कौनसा बहाना बनाया जाये इस बार रंगों से बचने के लिए
मेरी घेरी हुई जगहों पर अब कौन क़ब्ज़ा करेगा इससे मुझे कोई मतलब नहीं
मेरा प्रतिनिधित्व कोई नहीं करेगा
मेरी स्निग्ध भूमिका में आषाढ़, शीत।

गुप्त रूप से किये गये कार्य

एक दिवस मणियों के बारे में सोचते हुए सोचा
पुरुष और स्त्री के एक अंग को भी मणि कहते हैं
ऐसा सोचने–भर से सन्तुष्टि नहीं मिली
फिर सोचा कवियों को जितने दुःख मिले
उतना बेहतर
वे दुःख को दुःख की तरह से नहीं एक उत्सव की तरह लिखेंगे
फिर सोचा एक कल्पना से भरी हुई रति रात्रि के बाद
सुबह जब राधा ने कृष्ण से पायल पहनाने को कहा होगा
तो कृष्ण ने कितना प्रेम बाँध दिया होगा पायल से
फिर सोचा ऐसे प्रेयस किस प्रान्त में पाये जाते हैं
गुप्त रूप से एक दफ़े ये भी सोचा कि
शिव–पार्वती के काम–क्रीड़ा में किस तरह से अग्निदेव ने एक
कबूतर बनकर व्यवधान डालने का साहस किया
फिर सोचा कैसा समय होगा वह
मेघदूत पढ़ते हुए गुप्त रूप से यह भी सोचा कि
कभी तो कोई गर्व भरा पपीहा मेरे भी बायें आकर मीठी रटन लगाये
मोची से जूते सिलवाते समय गुप्त रूप से यह भी सोचा कि धागों
से सिले चमड़े कितनी दूर तक घिस सकते हैं
वो भी ऐसी सूरत में जब सिंड्रेला जैसा भाग्य किसका है यहाँ
जिसके जीवन में आये कोई परी और करे चमत्कार
एक समय गुप्त रूप से यह भी सोचा कि कैसे सम्भव है मनुष्य का
एक वर्ष और देवताओं का एक दिन और एक रात

कैसे सम्भव है चार युगों की चौकड़ी के परिणाम में ब्रह्मा का एक
दिन कैसा होता होगा
इतनी गुप्त चीज़ों के मध्य मेरा मस्तिष्क कितना गुप्त
मैं इस गुप्त तक अपना मस्तक उठाये पहुँचना चाहती हूँ
देखना चाहती हूँ सभी गुप्त
सुनना चाहती हूँ सभी गुप्त
ऐसा मेरी गुप्त चेतना चाहती है।

कुछ उत्कट इच्छाओं की परिधि में

इस पृथ्वी के कितने हिस्से, कितने कोने, कितने रामलाल, कितनी कादम्बरियाँ, कितने क़िस्से, कितने गन्ध, कितने अकाल, कितनी ही जातक कथाएँ
इन सबके बीच कहाँ हैं हम
एक अणु–भर हैं, ठेल रहे हैं खुद को
मुझे श्योक, हुनजा और कुनार नदी में तैरने का मन है
पर उतना पानी तो मेरी आँखों में भर दिया जाता है
मुझे मेघालय जाने का मन हो तो
लोनावला सुझाया जाता है
मछली प्रिंट का ब्लाउज़ पहना मैंने तो सहेलियों ने खिल्ली उड़ायी
वे नहीं जानती मुझे मछलियों से अगाध प्रेम है
इमरान ख़ान से गुफ़्तगू न कर पाने की सूरत में मैं
नवाजुद्दीन सिद्दीकी का पेज टटोलती हूँ
पर ओवरटाइम का बोझ हिलने नहीं देता

मैं जब सोचती हूँ भैरवी के बारे में बताऊँ बच्चों को
वे नेटफ़्लिक्स की नयी सीरिज़ के बारे में बता देते हैं
मैं अनुसूया, अष्टावक्र, कश्यप और त्रिजट पर लिखने बैठूँ तो
मुझे पढ़ा दिये जाते हैं किसी फूहड़–सी फ़िल्म के रिव्यू
मैं जब माँ की साड़ी निकालती हूँ तो
बिटिया ख़रीद चुकी होती है मेरे लिए घुटने तक छोटी पोशाक
मैं लाइब्रेरी में खोजती हूँ महर्षि पुलह की कोई किताब और हाथ

लग जाते हैं चेतन भगत
मैं महासाध्वी कन्याओं की जीवनी पढ़ने बैठती हूँ तो फ़रमाइश में पास्ता आकर मुझ पर हँस देता है

एक देश दुनिया की सोलो सैर का स्वप्न मुठ्ठी में है
पर बच्चों की गिटार, डांस और फ्रेंच क्लास की फ़ीसें मुझसे मेरा स्वप्न छीन लेती हैं
जीवन के इन गिरावों पर कौन आकर वज़न रख जाता है पता ही नहीं चलता
बनाती हूँ पास्ता, पहनती हूँ घुटने की लम्बाई तक के कपड़े, देखती हूँ नेटफ़्लिक्स
यह सब मैं करती हूँ
जीवन जी रही हूँ, हिल डुल रही हूँ पर हलचल नहीं
पाषाण की श्रेणी में नहीं पर जम चुकी हूँ
कुछ उत्कट इच्छाओं की परिधि में मैं हूँ यहाँ जीवित
एक शव की तरह।

तानसेन समारोह में

घरानों का एक देश हैं वहाँ
नामोल्लेख का एक राजमार्ग
तानसेन के क़ब्र के पास बेहट गाँव का उत्सव है ये
इतना मधुरम् है कि यहाँ पक्षी, कीट, मनुष्य सभी झूमते हैं
कितना पुरातन है संगीत, जितना पुरातन मनुष्य
हर एक दृश्य में, हर एक कोने में संगीत का महत्व है
महत्व है हर एक प्रार्थना में, हर एक उत्सव में
प्राच्य शास्त्र में अम्बार है रोचक कथाओं का

तानसेन समारोह में
उतरते हैं गन्धर्व, अप्सराएँ, गन्धर्व
कृतार्थ होते हैं नेत्र
मधुमय होता है मन, देह पुलकित
ढोलक की नयी चढ़ी खाल
मंच की धवलिमा
कालीनों के चटक सुन्दर रंग
सितार, तबले, बाँसुरी, हारमोनियम
हर वाद्ययन्त्र, हर गायक, गायिकाएँ
सभी संगीत में गुँथे हुए

संगीत प्रधान मन में झंकृत हैं कांक्षाएँ
चार दिवसीय सौष्ठव
चारों दिशाओं पर छाया रहता है
तानसेन समारोह में।

अगर मेरा नाम पत्रलेखा होता

पत्रलेखा, पत्रलेखा
माँ किकती, ढूँढते पिता
नगर विधवाएँ मुझे भागते देख अवश्य कहतीं
देखो कुलाधिपति की पुत्री को
वायु है वायु
विद्वान कहते
देखो इसे, यह चन्द्रमा की पत्नी रोहिणी का अवतार है
वियोग न सहन कर पाने के कारण उतर आयी है पृथ्वी पर

अगर मेरा नाम पत्रलेखा होता
पत्रलेखा, पत्रलेखा
माँ किकती, ढूँढते पिता
वेत्रवदी नदी में करती स्नान
मैं अवश्य ही सुन पाती त्रिगुणात्मक ब्रह्मा की स्तुति
देख पाती अम्बिकादत्त को घटिका शतक उपाधि पाते हुए
मैं जान पाती पाँच महापापों के विषय में
मैं देख पाती कौन–कौन अवतरित हुआ आकाश मार्ग
से पृथ्वी पर

अगर मेरा नाम पत्रलेखा होता
बाणभट्ट मुझसे पहले कादम्बरी,
महाश्वेता एवं मदलेखा के ही विषय में सोचते

चन्द्रापीड़ को व्याकुल करने का दोष भी मुझ पर लगता अकारण
मुझे माध्यम बनाकर भूषणभट्ट अनेकानेक बार चन्द्रापीड़ के समक्ष
कादम्बरी का संदेश पहुँचाते
अगर मेरा नाम पत्रलेखा होता
पत्रलेखा, पत्रलेखा
माँ किकती, ढूँढते पिता।

पाँच कोस का स्वर्ग

मुक्तिदायिनी काशी की पृथ्वी पर अवश्य रखना शव मेरा
वही आयेंगे शिव मेरे दाहिने कान तक तारक मन्त्र सुनाने
मात्र आधिभौतिक स्वरूप नहीं यह नगर
यह शिव का निजी नगर है
उस जल की बूँदों से मुख धुलाना मेरा
जहाँ छत्र के आकार की ज्योति उस जल के ऊपर प्रकाशित है
जो प्रलय के समय पृथ्वी के डूबने पर भी नहीं डूबेगी
उसी नदी के तट से कह देना मेरे पाप सभी
वरुणा नदी नाम है जिसका
थोड़ी देर पड़े रहने देना मेरे शव को वहाँ
जहाँ महिलाएँ शिव के लोक–गीत गाती हों
मेरी मिट्टी के नहान के लिए द्रौपदीकुण्ड का जल लेना

अग्नि को समर्पित करने से पहले अवश्य ही सुनाना मुझे
वही कथा जिसमें शिव काट देते हैं ब्रह्मा का पाँचवाँ सर
कौन नहीं पाना चाहता शिव का सानिध्य
काशिका में ही मुझे छोड़ जाना चले जाना
इसी पाँच कोस के स्वर्ग से पुनः जन्म लेने की इच्छा बनी रहेगी मन में
इसी पाँच कोस के स्वर्ण में रह जायेंगे मेरे पाँच रहस्य,
पाँच ऋतुएँ एंव पाँच दिशाएँ
पाँचवीं दिशा आकाश की ओर है
काशिका, शिव की नगरी, पाँच कोस का स्वर्ग
पाँच अन्तिम श्वास यही लूँ
ऐसी कामना है।

भीजना

पिता भीजते रहे जीवनपर्यन्त
अपने से कई गुना बड़े आकार के बादल के नीचे
चिड़िया भीजती रही आकाश से कई
गुना छोटे अपने घोंसले में मुँह छिपाये
लड़की के दाग़–धब्बे नहीं भीज सके
भीज रही हैं उसकी हथेलियाँ
ज़मीन पर सोये बच्चे की आँख में
भीज रहा है आस का ईश्वर

पूर्णत्व के कन्धे पर
एक ठीक–ठाक संतुलन भीज रहा है

भीज रही हैं
स्त्रियों की अशुद्धियाँ
शुद्ध पुरुष बैठे हैं हाथ में सूखे वेद लिए

भीज रहा है पचास पार आदमी का पानी
पचास पार औरतों की देह पर सूखा पड़ा है

मानसून में चेरापूँजी ही नहीं भीज
रहा केवल
भीज़ रहा है एक एक तन्तु
मृत्यु से पहले ही
मृत्यु स्नान भीज रहा है।

मैं एक हरा कच्चा अमरूद हूँ

मैं एक हरा कच्चा अमरूद बन गयी हूँ
कोई भी दाँत गड़ाकर खा लेता है
वैज्ञानिक मुझे भारत का नहीं, वेस्टइंडीज का बताते हैं
ये पता चलते ही मेरे अन्दर की शर्करा, जस्ता, लौह, चूना, वसा
सब गश खाकर गिर पड़े
सत्रहवीं शताब्दी में मुझे भारत लाया गया था जानकर अवाक् हूँ
मैं तो पृथ्वी के हरे में ही छिप जाती हूँ
मैंने इतिहास में किसी कविता या कहानी में नहीं पढ़ा कि
किसी प्रेमी ने अपनी प्रेमिका को अमरूद भेंट में दिये हों
या किसी देव का पसन्दीदा फल अमरूद हो
अमरुद न भी हो तो तोतें हरी मिर्च से काम चला सकते हैं
किसी भी कक्षा में मैंने अमरूद पर कोई कविता नहीं पढ़ी
आम की मन्त्रि परिषद की सूची में अमरूद का नाम है भी या नहीं
मुझे ज्ञात नहीं
एक भी रिश्तेदार ऐसा नहीं मेरा जिसके आँगन में लगा हो अमरूद
का पेड़
कुछ शरारती बच्चे तो मुझे पत्थर मारकर ही तोड़ते हैं
फिर भी इतनी–सी बात पर मुझे बल मिलता है कि मुझमें गर्मी
और पाला सहन करने की शक्ति है
मुझमें हैं कई औषधीय गुण जो हर दादी–नानी जानती हैं
इतना–भर काफ़ी है अमरूद होने के लिए
एक अमरूद होने में इतनी भी बुराई नहीं
इतने रंगों में एक हरे रंग का कच्चा अमरूद होना रूचिर है।

प्रेयसियाँ अब कभी नही लौटेंगी

प्रेयसों की तटस्थ कलाएँ
प्रेयसियाँ पोस रही हैं युगों से

अपनी उम्र की सीमा का
गिरेबाँ पकड़े प्रेयसियाँ
बाँट रही हैं अपनी चुन्नी की
गाँठों को अपने बचे हुए दिन
प्रेयस से मिली पीड़ाओं मे पड़कर
तिलमिला रही हैं प्रेयसियाँ
प्रेयस के मन से उठकर बाहर निकल रही हैं प्रेयसियाँ
प्रेयसियों का शव पड़ा रहेगा लोक–कथाओं, कहानियों,
कविताओं और उपन्यासों में
प्रेयसियाँ अब कभी नहीं लौटेंगी

प्रेयस जन्मे थे उन ग़लतियों से
जो प्रेयसियों ने की ही नहीं
अपनी मूर्खता में व्यस्त प्रेयसियाँ
अब कभी नही लौटेंगी
प्रेयसियाँ अब कभी नही लौटेंगी।

पृथ्वी कितनी लघु प्रियतम से

''अनियन्त्रित हुए तो क्या कुछ हो जायेगा''
ये कहकर लड़के ने बात ख़त्म की
लड़की मछली की तरह आँखें खोले सोती रही पूरी रात
साँस ना आने की सूरत में
अपने ही मुँह से खुद में ऑक्सीजन भरती रही
कानों में बजता रहा कैलाश खेर, होता रहा नसकम्पन
''हीरे–मोती मैं ना चाहूँ'' की तर्ज़ पर सुबह सूजी आँखों में कई
बार बादाम का काजल लगाया
फिर भी बूढ़ी तर्रार नौकरानी ने पूछ ही लिया
रात–भर ना सोने का कारण
हृदय जैसे कीड़ों से भर गया था
क्या प्रेमी एक दूसरे के छुअन से अछूत हो जाते
यह अति साधारण समय में एक अतिरिक्त माँग की तरह हुआ

कितनी ही चीज़ों से अनभिज्ञ रही मैं
कितनी ही चीज़ें ना देखी, ना सुनी, ना प्राप्त की
आडी और बक पक्षियों के युद्ध में मेरी कोई भूमिका नहीं थी
मनुओं की पापनाशक कथाओं का वर्णन कभी सुना नहीं
बलभद्र के साथ कोई तीर्थ–यात्रा नहीं की
इतरा नामक स्त्री से जन्मे ऐतरेय ऋषि के कभी नहीं छुए चरण
औदार्य गुणों के नाम पर मेरा हृदय ख़ाली है

छाती पर जैसे कैमूर पहाड़ी रख दी हो किसी ने
सतावर, गुड़माल, गुरुच
अपार जड़ी–बूटियाँ थी इस पहाड़ी पर परन्तु सब निरर्थक
कहाँ रख सकती थी मन की बात
यहाँ किसी तारादेवी का मन्दिर नहीं था, कोई यम–द्वार नहीं था
अश्रु छिपाने के लिए कोई जोगिनी झरना नहीं था
यहाँ केवल एक जगह थी
एक अति साधारण ख़ाली जगह
यह मन था मेरा
जहाँ उगने को एक घास तक ना उगती थी
बनाने को कई पोस्ट ऑफ़िस बनाये जा सकते थे जहाँ से पहुँचाये
जा सकें हज़ारों प्रेम–पत्र
प्रेम में रोया मन इतना–भर ही कर सकता है
जैसे कैंसर से बचा आदमी कर रहा हो कैंसर पीड़ितों की सेवा

जिस मन में सब कुछ रखना है उसी मन से सुनना है, कहना है,
रुलना है, खुलना है, डूबना है, तरना है, उलझना है
उसी मन से बेमन होकर कारोबार भी करना है
हम एक कौंध में जी रहे हैं
एक मर्मान्तक पीड़ा में कराह रहे हैं
क्वचित ही मर जाने की इच्छा होती है

कई दफ़े मन टूटी चप्पल में भी प्रसन्नता से रहा
दुर्बोध समय को धुनते हुए मुस्कुराया
कभी जो मकड़ियों से इतना डरता था ये मन
अब जाला साफ़ करते हुए भी कोई फ़र्क़ नहीं पड़ता
शिऊली की गन्ध से मन नहीं पलटता अब
एक निवाला खाते ही भर जाता है पेट

कहीं से भी निकल आता है दुःख
निकाल लेता है नाखून, आँखों में भर देता है अन्धत्व
छाती में घोंप देता है अपने पंजे
पैरों में बाँध देता है अपने मरे हुए पूर्वजों को

आँखों के समक्ष महासागर कितना लघु
कितना लघु आकाश मन के समक्ष
कितने लघु है मरहम दर्द के समक्ष
राजमार्ग कितने लघु पैरों के समक्ष
कितनी लघु रोटी आँतों के समक्ष
पृथ्वी कितनी लघु प्रियतम से।

मृत्यु आये और मेरे प्रेम में पड़ जाये

निकलूँ तो किसी नौबतख़ाने की
मंगलध्वनि बनकर निकलूँ
नहीं निकलूँ कभी किसी स्त्री की
आत्मग्लानि बनकर
मृत्यु आये और मुझे ध्वनि की तरंगों
में ध्यानमग्न होकर ले जाये

गिरूँ तो तपते हुए ज्वर का तापमान
बन कर गिरूँ
किसी नवयुवक का दुष्चरित्र बनकर
कभी ना गिरूँ
मृत्यु आये और मुझे व्यक्तित्वविहीन
समझ कर ले जाये

आऊँ तो बिनब्याही लड़कियों के
पिताओं का बल बनकर आऊँ
किन्हीं दो प्रेमियों के बीच में
कभी ना आऊँ
मृत्यु आये और मुझे सतत
आश्चर्य में ले जाये

बनूँ तो बाल सुलभ हँसी बन जाऊँ
किसी बटमार का अट्टाहास कभी ना बनने पाऊँ
मृत्यु आये और मुझे सुखद हँसी
की सम्भावना समझकर ले जाये

फूटूँ तो तत वितत्[1] और सुषिर[2]
का स्वर बनकर फूटूँ
कभी ना फूटूँ किसी निर्धन के चक्षु से अश्रु बनकर
मृत्यु आये और मुझे स्वर शेष होने से पहले ही ले जाये

मृत्यु आये और मेरे प्रेम में पड़ कर मुझे पूरे विधि विधान से ले जाये।

---

1 तत वितत्–तार वाले वाद्य जैसे सितार, वीणा, सारंगी, सरोद।

2 सुषिर–फूँक कर बजाये जाने वाले वाद्य जैसे बाँसुरी, शहनाई।

अभिनय है

अभिनय है
अभिनय में ही नहाती हूँ, बाँधती हूँ जूड़ा
दौड़ती हूँ सड़कों पर,
गुसलख़ाने के शीशे में बनती हूँ दस्यु सुन्दरी,
करती हूँ आप कमाई
अभिनय में ही
करती हूँ सबसे नमस्ते, दिखाती हूँ बत्तीसी,
लेती हूँ साँस, कटती हूँ कागज़ से,

अभिनय मे ही बोलती हूँ धाराप्रवाह,
करती हूँ मुवक्किली,

अभिनय में ही
रात के बरमे से छेद दी जाती हूँ।

कवियित्रियाँ नवयौवनाएँ बनी रहेंगी

कवयित्रियाँ नवयौवनाएँ बनी रहेंगी
उँड़ेलेंगी दिव्य दीप्ति
बनायेंगी सुपाच्य भोजन
पोसेंगी धीर शिशु

जनेंगी कविताएँ और अघायेंगी
यादृच्छिक समय की छाती पर
उगायेंगी पुष्प

उसके ओज पर विश्वास रखो
जैसे अरूक्ष, सुविज्ञ सतोगुणी देवी

कवयित्रियाँ नवयौवनाऐं बनी रहेंगी।

किस आँख में है मेरा आलय

कतिपय सुख के लिए

कतिपय सुख के लिए
कभी नहीं दुखाया किसी का हृदय
कण्ठ ऊँचा क़तई नहीं किया
नहीं तरेरी आँखें हरगिज़
वे जो छोटी–छोटी चीज़ों के लिए लड़े थे मुझसे
वे लड़ाइयाँ भुला दी हैं मैंने
बस की सीट घेरने के लिए
जो दो क़दम तेज़ भागी थी मुझसे
वो लड़की ठीक से मुझे याद नहीं

जिस छुरी ने मेरी उँगली चीरी थी परवल काटते हुए
उसी छुरी को इस्तेमाल करती हूँ हर दिन

प्रेमिका के लिए जब उसके प्रेमी ने तोड़ लिया वो पुष्प
जिसे मैं देख रही थी स्नेह से उद्यान में
तब भी उस प्रेमी से कुछ नहीं कहा
वह पुष्प दिनों तक याद रहा मुझे

दोस्त के किताब ना वापस करने पर
यह सोचकर मौन रही कि उस किताब की आवश्यकता
उसे अधिक है

जिन दोस्तों ने मेरी जगह–जगह निन्दा की
उन्हें विश्वास दिलाया कि उनके हिस्से के तिमिर में
मेरी धवलिमा उन तक अवश्य पहुँचेगी

जिन मछलियों को मैं दाना डाल रही थी
उन्हें एक मछरंगा खा गया मैंने मछलियों के लिए प्रार्थनाएँ की
मछरंगे को श्राप न दे सकी

सूर्य ने मेरी पीठ कई दफ़े झुलसा दी ताप सूर्य का कर्म है सोचकर
अपना कर्म करने में लगी रही

क्षमा कर पाने की भावना मन में उत्पन्न नहीं होने दी
ऐसा करने से पहले लोगों को दोषी मानना पड़ता
जिन कविताओं ने एकान्त में सेंध लगाई
उन्हीं को सौंप दिया अपना हृदय।

अप्रिय कवयित्री जोशना तुम्हें अब इच्छामृत्यु माँगनी चाहिए

जन्मी भी तो कब
साल के सबसे आख़िरी वाले दिन
ठिठुरती ठण्ड, बारिश और ओलों के बीच
कितने भिक्षुक मरे होंगे उस दिन ठिठुरकर शीत में
यह कलंक है तुम पर
तुम्हें अब इच्छामृत्यु माँगनी चाहिए अप्रिय कवयित्री जोशना
तुम्हारा चेहरा बर्फ़ में जमा एक मृत चेहरा लगता है
तुम कर भी क्या रही हो पृथ्वी पर
तुम्हें अब मर जाना चाहिए
भात–मछली खाती हो न तुम
तुम्हें तो ये भी नहीं पता कि पृथ्वी पर चावल की कितनी प्रजातियाँ हैं
जितनी मछलियाँ खायी हैं तुमने, उन सबके काँटे तुम्हें
हर दिन चुभेंगे
तुम्हारे पूर्वज़ों ने अकाल देखा था न
तब तुम भी तो थी अपने पूर्वजों में
दुबारा जन्म लेकर क्यूँ आयी हो जोशना
क़ितनों का नुक़सान किया तुमने
पढ़ाई की उम्र में विवाह किया, विवाह की उम्र में पाला बच्चा,
बच्चे की उम्र में जायदाद बाँटी, जायदाद बाँटने की उम्र में कर
रही हो प्रेम
अरे! धिक्कारो खुद को अभागिनी जोशना

तुम चाहती तो आर्मी में जा सकती थीं या अजायबघर
में कर सकती थी नौकरी
सिलाई, बुनाई, कढ़ाई सेंटर भी चला सकती थीं
नंगा पर्वत को ढाँप सकती थी अपनी बूबस बातों से
अरे! ज़ाकिर हुसैन की सहायक तबलची ही बन जाती
कविताएँ लिखती रहीं बस
क्या पाया कहो
तुम्हारे पूर्व प्रेमियों ने नयी प्रेमिकाएँ खोज लिए हैं
क्या पाओगी दीर्घजीवी बनकर
पूर्व प्रेमी तुम्हें चरित्रहीन कहते
एक पुष्प लेकर जाओ मृत्यु के समीप
करो प्रेम निवेदन
तुम्हारी अन्तिम इच्छा हो भी क्या सकती है
कोलकाता के किसी पोखर या पूजा पण्डाल पर कविता लिखना
ये तो तुम्हें कहने–भर से मिल जायेगा
ये तो स्वर्ग मिलने जैसा जटिल नहीं
ये जो तुम मछलियों, पक्षियों और फ़्रीडा कोहलो वाली
साड़ियाँ पहनती हो
इन्हीं से रिझाओ मृत्यु को
तुम्हें क्या लगता है, ये जो तुम बिन्दी भवों के बीच न लगाकर
थोड़ा ऊपर चिपकाती हो तो तुम शर्मिला टैगोर लगती हो
कहाँ का नवाब है तुम्हारा पति कहो
तुम नमक में घुलने के लिए बनी हो जोशना
समन्दर में रहने के लिए बनी हो अभागिनी
तुम्हारी तो कीक भी इतनी जर्जर है कि जगन्नाथ तक नहीं पहुँचती
किस विश्वविद्यालय से किया है तुमने कला से स्नातक
तुम जीवित रहकर एक भीषण पाप कर रही हो जोशना
जाओ, आहिस्ता–आहिस्ता खिसको मृत्यु के समीप
वहाँ शीत है, शान्ति है, एकान्त है, कोई शोर नहीं

यही पसन्द है न तुम्हें
देखो मृत्यु की तरफ़ टकटकी लगाकर
तुमने तो अपनी आँखें बदल ली हैं कोलकाता से
तुम्हें मात्र कोलकाता ही दिखता है
तैर भर ही रही हो
जाओ न्याय की देवी के पैर पड़ो जोशना
तुम्हारे मुखारबिन्द पर कोई ओज नहीं
तुम किस कुम्हार के चाक का पानी चाहती हो
बिल्लियों से बहुत याराना है तुम्हारा
क्या उनकी झेर चाहती हो
माँगो इच्छामृत्यु जोशना
तुम्हें मरने के लिए कोई तैयारी नहीं करनी
इच्छामृत्यु की अपील करो अप्रिय कवयित्री जोशना।

एक बिस्मिल्ला ख़ाँ है मेरे अन्दर

एक बिस्मिल्ला ख़ाँ है मेरे अन्दर
बनारस मुट्ठी में भींचे हुए
मिट्ठन बाई की दूसरी सन्तान
शहनाई को अपनी दूसरी बेगम कहने वाला
बिस्मिल्ला ख़ाँ
तुम्हें देखते ही शहनाई फूँक देता है
इस 'तुम' की उत्पत्ति से बरी हुए सारे कवि
इस 'तुम' शब्द ने बचा रखा है कवियों को
'तुम' शब्द से शुरू कविताओं ने छिपा रखे हैं कई नाम
छिपे हुए हैं कई प्रेमी
मात्र 'तुम' भर लिख देने से पहुँच जाती हैं सारी अनकही बातें
'तुम' के उन तक
'तुम' को दे दी जाती हैं पृथ्वी की सभी नदियाँ, सभी तितलियाँ
सभी सुन्दर वचन
'तुम' को मान लिया जाता है देवों का वरदान
'तुम' तक पहुँचा दिये जाते हैं प्रेम–संदेश

तुम्हारे अन्दर निश्चय ही विद्योतमा बैठी होगी
वह तुम्हारे व्यवहार में दिखती है मुझे
पिता के अन्दर अरस्तू बैठे रहे
माँ के अन्दर बैठी रहीं सन्तोषी माता
दुनिया इन्द्रियों को दाना डालती रही

मैंने तुम्हारी स्मृतियों को एक ब्राज़ीली कवयित्री
आदेलिया प्रादो की कविताओं के सुपुर्द किया है तुम्हारी स्मृति
जैसे पचहत्तर प्रतिशत अटेंडडेंस से बचे हुए दिन
और मैं एक पहाड़ चढ़ती लड़की के घुटने से बहा हुआ रक्त हूँ
पैरों से लाचार ये लड़की बचे हुए दिनों
में 'मृत्योर्मामृतं गमय' गाती हुई कष्ट काटेगी
उसके हृदय से सटकर उसे समेटने कोई नहीं आयेगा
इसी अन्धकाराच्छन समय में बिस्मिल्ला ख़ाँ फूँकेगा शहनाई
लड़की कपास का फूल हो जायेगी
ये लड़की जियेगी कम–कम
बचायेगी तुम्हें ज़्यादा–ज़्यादा
हमारे मध्य गूँजते रहेंगे बिस्मिल्ला ख़ाँ।

कु*

कु नहीं है मन मेरा
इसने तो घपच्ची मारकर न दुःख पकड़ा न सुख
कठिन समय में कीका भी नहीं
आदरसूचक शब्दों का ही प्रयोग किया
बरगेल पक्षी को देखता है तो उसी के प्रेम में पड़ जाता है
रक्त देख लेता है तो कई दिनों तक नीले को भी
लाल देखता है, पीले को भी लाल, काले, सफ़ेद, हरे को
भी लाल ही देखता है
इसे कोई मतलब नहीं कि किस स्त्री से उत्पन्न हुए ऐतरेय ऋषि
या नसीरुद्दीन शाह ने की कितनी पिक्चरें
कोई मतलब नहीं इसे कि कौन पी रहा है महुए की शराब
या कहाँ बँट रहे हैं पुए
हाँ, अबक्का देवी और किन्नूर की चेनम्मा जैसी कुछ औरतों
की जीवनियाँ पढ़ने ठहर जाता है
जलकुम्भी के बगल में बैठकर देह का ताप उतार देता है
निरा घपुआ बना रहता है हर किसी के सामने
एक हल्के झम्पन से भी उठ बैठता है
कीटिकाओं को देखता है, नहीं देखता फ़िल्में
कु नहीं है मन मेरा

---

*कु– बुरा, एक उपसर्ग जो संज्ञा के पूर्व लगकर अनेक अर्थ देता है (जैसे कृकुपुत्र, कुकर्म, कुधातु, कुदिन, कुबेला)

ये तो तैमूर लंग भी नहीं जो चंगेज़ ख़ाँ बनना चाहता हो
ये तो गणित भी नहीं जो विज्ञान से उलझ रहा हो
पृथ्वी पर झरी हुई एक पत्ती में भी ढूँढ लेता है अपना आलय
किसी की ख़ाँसी सुनकर भी व्याकुल हो उठता है
घायल बिल्ली को झाड़ियों से एहतियातन
ऐसे घर उठा लाता है जैसे
चाय का पहला बीज कुमाऊँ पहाड़ के चाइनिज़ झाड़ी से लाया
गया था

दण्डायमान खड़ा रहता है तितलियों और गिलहरियों के बीच
उन्हें नहीं डराता
एक किताब जो गुम गयी थी स्टेशन पर, उस किताब को याद
करता है, कोसता है खुद को
आकाश से सटे हिमालय से बहुत कुछ कहना चाहता है
लाम्पोखरी झील के तट पर चाहता है अकेले रहना
चाहता है शृगार प्रधान नाटकों में हिस्सा ले,
कबूतरों को उनके पूर्वजों की याद दिलाये जो पत्र लाया करते थे,

कु नहीं है मन मेरा
ये तो संसार के समाप्त होने पर भी नहीं रोयेगा
मछलियाँ पी जायें सारा पानी तो भी इसे कोई पीड़ा नहीं
सितार के तारों की तरह कस लेता है खुद को
खुद तपता है और सोचता है सौ लोगों को शीतल करे
प्रथम दण्डाधिकारी के नियम नहीं मानता
कहना चाहता है सबसे कि तुम्हारे मरण के दो कारण हो सकते हैं
पहला प्रेम, और दूसरा दुबारा किया हुआ प्रेम
किसी के होंठ बिचकते हैं तो फिर नहीं लौटता उसके पास

कु नहीं है मन मेरा
एक धूल–कण में भी खोज लेता है ईश्वर
वे, जो इसे बुरा समझते हैं, उनसे संधि–वार्ता के लिए
कभी आगे नहीं आयेगा
इतना भर तो हठ है इसमें
परन्तु कु नहीं है मन मेरा।

एक स्त्री की शव-यात्रा में उपस्थित रहते हैं देव सभी

जीवन
एक स्त्री के रुतबे जैसा है
एक स्त्री में कई–कई देवदूतों
का आकर्षण है
कई–कई पुरुषों का तिरस्कार

एक स्त्री की देह पर मिल जाते हैं कई दन्ताघात
एक स्त्री के ताप से ठिठुरमुक्त हो जाता है पुरुष

एक स्त्री के अन्दर मीन की जगार है
और है कई–कई घड़ियालों का आतंक
एक स्त्री के अन्दर हैं असंख्य प्याऊ
एक स्त्री के अन्दर है सौ प्रकाश वर्षों का सूखा
एक स्त्री बोल सकती है ममत्व की चालीस भाषाएँ
एक स्त्री की तलांगुलि डुलने पर डुल सकती है महिका

एक स्त्री को लिखे जा सकते हैं असंख्य मन्मथलेख
एक स्त्री के पेटक में जो कुछ भी है उससे चल सकती है पूरी
गृहस्थी
एक स्त्री के ध्वनन से शान्त हो जाते हैं स्थान–देवता

एक स्त्री तानसेन समारोह में वाद्य यन्त्रों
से मनवा सकती है लोहा
एक स्त्री अतुष्टि में भी लगती है मनोहारिणी

पीड़ा एक स्त्री की माँ जाई बहन है
इसी बहन से हाथापाई करती हुई वह जीत जाती है
जीवन–दंगल
एक स्त्री भवों की प्रत्यंचा चढ़ाकर बन सकती है कामाख्या
बन जाती है तुम्हारे कष्टों के लिए त्रासक

एक स्त्री सुघड़ाई से खींच लेती है तुम्हारे अन्दर से बुरी नज़र
पहना देती है अपने बच्चे को गले में मंखी
एक स्त्री के मंगलगान से भाग जाते हैं अदृश्य प्रेत
एक स्त्री को नासिकेतोपाख्यान पढ़ने की आवश्यकता नहीं
वह सीख लेती है पुष्पों से धैर्य
बिन्दी से सन्तुलन
कर्णफूल से माहवारी की पीड़ा का निदान
एक स्त्री को क्रोध आने पर शिव आ जाते हैं
उसके पैरों तले

जब मसल रहे होते हो तुम अनैतिकता से किसी स्त्री की छाती
तो असल में तुम मसल रहे होते हो अपने बच्चों का भविष्य
जो एक दिन तुम्हारे आगे त्राहि मचाता है
जब झुण्ड बनाकर चढ़ते हो किसी स्त्री के ऊपर ज़बरई से
तो एक स्त्री का बलात्कार नहीं, ईश्वर का बलात्कार कर देते हो
उस ऊपर से नीचे गिरने पर तुम कितना नीचे गिरोगे इसका
अन्दाज़ा नहीं लगा सकते तुम

एक स्त्री गले में फँदा कस के मुक्त कर देती है तुम्हें
एक स्त्री मोहिनी का रूप धरकर ही श्री विष्णु समुद्र मन्थन
से पा सके थे अमृत
एक स्त्री के कारण ही शिव कहलाते हैं अर्द्धनारीश्वर

एक स्त्री अपनी ही छाती से त्रपित है
अपनी ही देह से पराजित
एक स्त्री उठा रही है अपनी ही देह का भार
एक स्त्री की मृत्यु से हिल जाता है स्वर्ग
एक स्त्री की शव–यात्रा में उपस्थित रहते हैं देव सभी।

सोनागाछी मतलब सोने का पेड़

वे नर्तकियाँ थीं
नृत्य कला में सम्पन्न
मणि खचित, अमल, धवल
देवी को पूजती स्वयं कला की देवियाँ
राजसम्मान पाती थीं
उनके समीप नहीं जा पाता था कोई भी सामान्य जन
यह अक्षुण्ण नहीं रहा
समय की प्रलयाग्नि बुझी इनकी देहों पर
देव का कौनसा आज्ञाकारी मेघ देता उन्हें शीतलता
पृथ्वी के अश्रुओं से महीन हो जाती थी इनकी हँसी
कहलायी सिद्धिदात्री शक्तिस्वरूपा पंचवेश्या
राजवेश्या, गुप्तवेश्या, देववेश्या, नागरी एवं ब्रह्मावेश्या
अप्सराएँ और गणिकाएँ कहलाती थी वैदिक काल में
कहलायीं देवदासियाँ और नगरवधुएँ मध्ययुग में
वे लोष्ठवत चीज़ों में तुली
अब वे वेश्याएँ कहलायी
मात्र वेश्याएँ

चित्तरंजन एवेन्यू में फैला है बाज़ार
कई सौ बहुमंज़िला इमारतों में
कमलिनियाँ खिलती हैं भीषण झंझानिल में
जनी गयी कन्याओं को छाती से चिपकाकर बैठी माँओं

से छीन ली जाती हैं उनकी बेटियाँ
बारह साल की कन्या सीख जाती है कंचुकी उतारना,
पुरुषों के साथ सो जाना, पीड़ा में कीकना
उठती हैं तो पाती हैं अपने ही हाथों में अपनी
मृत देह और दो सौ रुपये
इतना ही है इनका मूल्य
किसी भी एकादशी स्नान से पवित्र नहीं होती ये वेश्याएँ

कंजकली खिल नहीं पाती सोनागाछी में
एक अबूझ भाषा तैरती है इनकी आँखों में
एक अ–मापे समय का अश्रु मज्जन है जीवन इनका
मीलों की यात्रा एक दिन में पूर्ण करके
गिरती हैं ये अनलपिण्ड की तरह
वज्र के समान कठोर हृदय लिए प्रयत्न करती है
गिरती हैं, झरती हैं, बहती हैं, रुलती हैं
इनकी आख्यायिका में केवल कालिमा और हतभाग्य है

जिस परिश्रम से होती है खेती, उसी परिश्रम से
बनता है आलय, बनती हैं सड़कें, बनते हैं कारख़ाने
इनके परिश्रम से बनती हैं और कई वेश्याएँ
प्रेम–पत्रों और माथे के स्नेह चुम्बनों से वंचित
सम्मान से और सुख से वंचित
सुरक्षा से और अनुराग से वंचित
राख–राख है ये सभी पर वास है सोनागाछी में
सोनागाछी मतलब सोने का पेड़।

अच्छा हुआ, उसे सत्यजीत रे ने नहीं देखा

पृथ्वी का हरा चूमता था उसकी गैंती को
वह उस हरे से लाल, पीले, सफ़ेद पुष्प उगा लेती थी
उसके गीले केश की गन्ध रवीन्द्र संगीत जैसी थी
पूरी देह को शीत देती थी
हल्दी के गाँठों के रंग उसकी हथेलियों पर जम गये थे
उसकी धवलिमा से घर में एक उजास थी
वह केश बाँधते हुए भी कर लेती थी कोयलों से
कूँकने में प्रतियोगिता
वह आठ भाई–बहनों में सबसे बड़ी थी
सबसे छोटी रह गयी उसकी अनुकांक्षाएँ
उसकी रसोई में पंच फोरन की महक से भूख दुगुनी हो उठती थी
जब शिशिर ढँक लेता था हमारी छत
दोनों घुटनों में ऊन फँसाये वह गोले बनाती थी
आँगन में लेट जाती थीं वह बांग्ला उपन्यास लिए
गिलहरियाँ देखती थी उसे एकटक
आँख लगने पर बिल्लियाँ शोर नहीं करती थीं
उसे बर्फ़ पर जाना बेहद पसन्द था
वह कभी नहीं जा पायी
बर्फ ने उसे कभी नहीं बुलाया
मैं आज तक बर्फ पर कविता नहीं लिख पायी
उसे चिट्ठियों से नवजीवन मिलता था
अपने पिता की चिट्ठियों पाने पर रोते हुए नाचती थी

कौन करता है ऐसा भला
अनूठी, अनोखी थी वह
चिट्ठियों रखने का एक कोना था उसका
मैं आज भी उस कोने में बैठकर उसका रुप धरती हूँ
उसका साँवला रंग सन्ध्या बाती में बांग्ला फ़िल्मों की नायिका की
तरह दमकता था
अच्छा हुआ, उसे सत्यजीत रे ने नहीं देखा था
वरना तो वो अपना पूरा जीवन मुझ पर कैसे वारती
उसकी सुन्दर ऊँची नाक पर हीरा श्रद्धानत होकर बैठा रहा
जब तक वो रही
मुझे मसोस है मेरी नाक उसकी तरह क्यूँ नहीं
उसकी सभी साड़ियाँ और गहने मेरे पास है
मैं जतन से रखती हूँ
उसकी चादरों की बेलें उसकी कहानियों को पकड़कर
आकाश चढ़ जाते थे
मैं हर रात उन्हीं बेलों को पकड़कर आकाश चढ़ती थी
उसने मुझे हर रोज़ काजल लगाया
आज काजल ही मेरा सबसे पसन्दीदा आभूषण है
उसके गलतकिये में से केवड़े की गन्ध आती थी
वह गलतकिया आज भी मेरे पास है
वह मच्छरदानी लगाते हुए बांग्ला गीत गाती थी
कण्ठ के तार कसे हुए थे
वह माँ थी, मेरी माँ
शाम को जब बिजली विभाग से पिता आते थे
माँ छावनी बन जाती थी
घायल पिता सुस्ताते थे।

ठीक-ठाक साँस अपने अन्दर खींच लेते हैं

हम खींचते हैं खुद को उस लाँघ से जिसे भरकर हम एक
आन्दोलन कर सकते थे
अनायास ही खींचते हैं खुद को उस हृदय से जो हम पर
हो सकता था न्योछावर
ईश्वर को भी खींच लेते हैं हम टमाटर के दामों में
खींच लेते हैं साड़ियाँ और दुपट्टे
नहीं खींच पाते औरतों के लिए सुरक्षा घेरा
खींच लेते हैं सिगरेट, हुक्के के कश
नहीं खींच पाते बाढ़ का पानी
खींच निकालते हैं लोगों के आँखों से अश्रु
डूबे हुए लोगों को नहीं खींच पाते यमुना से
घर की किवाड़ों से खींच लेते हैं खटखटाने का अधिकार
खींच उखाड़ते हैं रास्ते किनारों से पेड़
खींच लेते हैं दोस्तों के अन्दर से सद्‌गुण
खींचते हैं समय उनसे, जिनके साथ दो घड़ी बैठ सकते थे
और बना सकते थे सुखद स्मृतियाँ
नहीं खींच पाते निर्धन की पीड़ा
ठीक–ठाक साँस अपने अन्दर खींच लेते हैं
बस इतना भर ही कर लेते हैं हम
ठीक–ठाक साँस अपने अन्दर खींच लेते हैं।

अश्रु मुझे काट रहे हैं

इत्र में देखती हूँ पुष्पों के अश्रु
इत्र देह काट देती है
एक–एक तन्तु मुझे उकसा देगा
वर्तमान मुझे निचोड़ लेगा
जाते हुए पिता आकाश में हाथ पसारे अवश्य मिलेंगे
टूटे हुए हिस्सों को कला से छिपाती हूँ
तलवों के नीचे उग आयी है कोलाहाइ की घास
अघा रही हूँ इस अर्वाचीन समय में
अग्निधर्मा बनकर फुला रही हूँ रोटियाँ
अपना थोड़ा–सा हिस्सा दिया कविताओं को
अस्फुट ध्वनियों से कान लगाये खड़ी रही
महीने की तीस तारीख़ की तरह इज्ज़त है मेरी घर में
मुँह बन्द ही रखा जहाँ कुछ कहना था
पानी पिया ज़्यादा ज़्यादा, रोटी खायी कम
दवाइयाँ कूड़ेदान में फेंकती रही
मेज़ के पाये से बाँधे रखा खुद को
यहाँ मैं हूँ और हैं रहस्य
किताब के पन्ने मुझे अपनी गन्ध दे रहे हैं
अश्रु मुझे काट रहे हैं।

एक कवि के आने से आते हैं चार और कवि

एक कवि कभी अकेले नहीं आता
एक कभी के आने से आती हैं कई और चीज़ें
एक कवि के आने से होते हैं आन्दोलन
एक कवि के आने से कठिन समय भी हो जाता है सरल
बिना ऊन वाली भेड़ भी मन को भाती है
बिना पत्तियों वाले पेड़ से भी हो जाता है प्रेम
कला की शरण में जाने के सभी रास्ते खुल जाते हैं
ज्वर में तप्त माथे पर आ ठहरती है चाँदनी
हाथ पकड़ लेती हैं बेलें
एक बिल्ली भी हमारा मन टटोल लेती है
एक कवि के आने से एक बच्चे की आँखों में सात नहीं सात ख़रब
अजूबे पलने लगते हैं
कम हवा वाली साइकिल पर भी लड़का–लड़की को बिठा लेता है
सरकण्डो से भरे जंगल में भी प्रेमी बिता लेते हैं रात
गुम्बद सीख लेते हैं पक्षियों की भाषा

ओक–भर पानी पीने से ही मिट जाती है भूख
एक कूड़ाघर के बाहर भी यदि एक कवि खड़े होकर कह दे
कोई कविता, हरगिज़ नहीं गन्धायेगी वह जगह
एक कवि के आने से बचे रहते हैं शहीद सारे अन्त तक
एक कवि लिखता है जिस पर भी कविता वह सुन्दर बनी
रहती है उम्र–भर

एक कवि के आने से धुन्ध, कुहासा, शीत में सूर्य प्रेम पाता है
एक कवि के आने से
आ जाती है सुन्दरता, ईश मुस्कुराते हैं, नक्षत्रों से कोई त्रुटि नहीं होती,
जीव–जन्तुओं की बातें समझ पाते हैं मनुष्य
एक कवि से प्रेरणा पाकर लिखते हैं चार और लोग
एक कवि के आने से आते हैं चार और कवि।

एकान्त

एकान्त मंगलभोग की तरह रखा था हमारी थालियों में
एकान्त हमारे कानों में बज रहा था मंगलाष्टक की तरह

मुझ पर छिड़को थोड़ा और एकान्त
जलाओ मुझे
ललाई युक्त सुनहरा पीला होने तक
मन्त्रोक्त करो मुझे

फैलाओ अपना एकान्त
जानो अपने एकान्त के प्रेमी को
अगर तुम्हारा ध्यान एकान्त ने आकर्षित नहीं किया
तो तुम जर्जर स्वाँग से भरी एक देह मात्र हो
एकान्त के मँजावट से निखारो खुद को

ईश्वर ने अगर तुम्हें एकान्त दिया है
तो निश्चय ही तुम ईश्वर के सबसे प्रिय बच्चे हो।

आलापिनी

मैं अमला शंकर की अपूर्णनीय क्षति को नहीं भर सकती
मैं किताब के पन्नो से पंखा झलते हुए बिहुला की कथा सुना सकती हूँ
मैं क़तई नहीं बन सकती जलधर सेन जैसी पत्रकार
मैं सुबह तक धागा कात सकती हूँ और सुना सकती हूँ चण्डीदास की प्रचलित कविताएँ
मैं हेमेन्द्र बरूआ के चाय बाग़ानों में से एक बाग़ान ख़रीदूँ
इतना धन नहीं मेरे पास
मैं गृहदाह, पल्ली समाज, देना पावना और चन्द्रनाथ पर बहुत कुछ कह सकती हूँ
मैं वेदान्तवादिनी नहीं
मैं गार्गी का अवतार नहीं ले सकती
मैं गर्ग संहिता के गोलोका काण्ड से देवर्षि नारद और मिथिला नरेश के बीच का संवाद सुना सकती हूँ
मुझे त्रिपिटक ग्रन्थों का ज्ञान नहीं
मैं मोहिनीअट्टम की भाव–भंगिमाओं के विषय में लगातार चार घण्टे बोल सकती हूँ
मैं देश–दुनिया नहीं घूमी
मैं मिस्र, असीरिया, बेबीलोनिया, पर्शिया के इतिहास से जुड़े तथ्य बता सकती हूँ।

मैं समय में पीछे जाकर
आम्रपाली और अजातशत्रु को छिपकर देखना चाहती हूँ
जासूसों के बारे में सोचती हूँ तो माताहारी के बारे में बहुत कुछ जानना चाहती हूँ
मैं भवभूति के पास बैठूँ दिन के दो पहर
ऐसा चाहती हूँ

मुझे देखते ही सारी गौरेया आ जाये मेरे पास
मेमने सारे खेलने आया करें मेरे घर
बिल्लियाँ कभी भी मेरे कन्धों पर आकर बैठ जायें
मैं हारिल पक्षी की तरह थाम सकूँ किसी ख़ास को
मैं पैदा होने वाले सभी बच्चों को सिकुड़ती हुई धरती का नक़्शा थमा दूँ
मेरे दुःख की जगह पर कोई महात्मन नहीं बैठा
वहाँ बैठी है माहवारी के ख़ून में पहली बार लिपटी एक भयभीत लड़की
मेरे जूते सिल्विया के घर तक नहीं जा पाते
मेरी आँखों में मेरे माँ–बाबा बच्चों की तरह उछलकूद करते हैं आये दिन

मेरे साधारण से जीवन की अति साधारण आलापिनी
बज उठती है जब तब
मेरा मनोविनोद करती हुई कहती है मुझसे
दुखियारी नहीं आलापिनी बनो।

‘अ’ से बहुत सारे ‘अ’

आँखें अँजवाई माँ से कितनी दफ़े
आँखों में अटी थी एक आकर्षक दुनिया
अनुमोदन रहा पिता का जिन कार्यों के लिए
अकिंचन उन कार्यों में गलता रहा जीवन का आकर्षण
अन्धकारमय समय में अपने ओष्ठ पर नहीं रखने दिये किसी को ओष्ठ
अजल ही किये कई उपवास
अमूमन ही छुट्टी वाले दिन गिलोय की तरह चढ़ता रहा समय
अनत रहने का प्रयास किया हर दिवस
अकारण मुस्कुराती रही सबको देखकर
अमुक्त ही रही जीवन के अमृदुता से
अन्धकाराच्छन्न चलने का अभ्यास किया
अवदाह में खोजे वृक्ष

अनुकांक्षित है एक दिवस जिसमें किसी का दख़ल ना हो
अल्पावकाश मिले नौकरी से
असज्जित ही रहे कमरा
अयाचित ही मिल जाये प्रेम
अयोमार्ग कर सकूँ कई यात्राएँ अकेले ही
अतुष्टि में चीज़े टूटे तो उन्हें टूटने दिया जाये
अलुब्ध रहूँ संसार के अल्लम–गल्लम चीज़ों से

अवश होकर ना लेनी पड़े रोज़ ली जाने वाली औषधियाँ
अशंकित रह सकूँ एक पूरे दिन

अंजस जीवन की कामना में
अंशतः
अकृतार्थ हो रहे हैं हम
अक्षम, अगतिक, अचक्के ही
अटके रह जायेंगे हम
अमनुष्य हो कर देखेंगे घटनाएँ
अमोल जीवन को खो देंगे एक दिन।

जब थम जाये मेरी श्वासगति

जब थम जाये मेरी श्वासगति
गहरे शोक में डूबकर नहीं करना मुझे याद
मत भींचना पसीजी मुट्ठियों को
कण्ठ से निकालना फ़ाया कुन फ़ाया कुन
सीटी बजाना कदम्ब के नीचे
गिलहरियों और तितलियों को देना सुरक्षित जगह
अपनी जीत के बाद ज़ोर से चिल्लाना
याद रखना आकाश गूँगा नहीं होगा
नहीं सोयेगी कोई नदी
मत देना मेरी कविताओं को देश निकाला
किसी ख़ाली खिड़की पर ठहरकर पक्षियों को सुनाना
एकला चौलो रे

मुझे एक बार चूमने का मन हो तो
चूम लेना खुद की हथेलियाँ
तुम्हारी हथेलियों पर मैंने अपनी उम्मीदें बोयी थीं
मुझे दो बार चूमने का मन हो तो
चूम लेना केतकी के पुष्प
उन्हें शिवलिंग पर नहीं चढ़ाया जाता
उन्हें देना ख़ूब स्नेह

एक नन्हे बच्चे की तरह बिलखने का मन करे
तो उसके सामने बिलखना जिससे करते हो सच्चा प्रेम
मत याद करना वह समय जब मैंने तुमसे पूछा हो कि
क्या बात कर सकती हूँ तुमसे?
मत सोचना ये भी कि कितना कठिन रहा होगा मेरा संघर्ष उस समय
उस समय को याद करके छोटे बच्चों और रोगियों को कविताएँ सुनाना
छोटे बच्चों और रोगियों के लिए ये निहायती ज़रूरी है कि उन्हें कविताएँ सुनायी जाये
जीवन की, ख़ुशी की, आस की, फूलों की, प्रकृति की, पक्षियों की, आन मान और शान की और वीरों की कविताएँ

मेरे कमरे में पिता की बड़ी तस्वीर के पीछे छोटे–छोटे
अक्षरों में लिखी हैं मेरी कुछ इच्छाएँ
आना उन्हें पढ़ने कभी छुट्टियों में
तुम्हारा एक भी आँसू बहा तो वह ले जा सकता है मुझे
और कई–कई मीलों दूर तुमसे

मत इकट्ठा होना मेरी शोक–सभा में
फैल जाना चारों ओर
पहाड़ों पर चढ़ना, करना रिवर रॉफ़्टिंग और स्कूबा डाइविंग,
सुन्दरवन देखना, हुगली नदी के दाहिने तट पर जाना,
सेतुओं पर चलना
रवीन्द्र सेतु और अजायबघरों में समय बिताना
ट्राम की सवारी करना
बतख़ों और मछलियों को दाने खिलाना
बाउल संगीत पर थिरकना ज़रूर
बहुत आनन्द मिलेगा तुम्हें

पिता से छिपकर दो एक बार हम भाई–बहनों ने कालीबाड़ी
के ठीक पीछे झाड़ की आड़ में बीड़ी पी थी
मेरे हर जन्मदिवस पर वे सभी इकट्ठा होकर बीड़ी पीकर ही
मुझे याद करें, ऐसा उनसे कह दिया है मैंने

मुझे फ़्रीडा कोहलो, शरतचन्द्र चैटर्जी, रवीन्द्रनाथ ठाकुर,
पाब्लो नेरूदा, महिला जासूस माताहारी, बेहद पसन्द हैं
ख़ाली समय में पढ़ना इनकी जीवनी मेरे बाद
मेरे कमरे की किताबें नये कवियों में बाँट देना
जब उन्हें नकारा जायेगा तो मेरी किताबें उनका बल बनेंगी

मुझे अपने छोटे से जीवन में अस्वीकृतियाँ अनेक मिली हैं
एक सम्पादक से, समय से, पत्रिकाओं से, कुछ एक और भी हैं
उनके लिए मेरे मन में अथाह प्रेम है
मुझसे बेहतर लोगों को अवसर दिया उन्होंने
मैंने सबको माफ़ कर दिया है
मैं उन सबके नाम पर एक पेड़ लगा दूँगी जल्द ही

मेरे नाम से किसी को खाना खिलाना हो तो किसी अनाथ
बच्चे को करा देना भरपेट भोजन
लाल साग, सहजन, मसूर दाल, चावल ये सब रखना
मीठे में रखना नोलेन गुड़ की खीर
और इंडियन कॉफ़ी हाउस की एक मग कॉफ़ी

जब थम जाये मेरी श्वासगति
मुझे मोद में झूमकर याद करना
मेरी कविताओं पर अपनी कोहनियाँ टिकाकर सोचना
कि मुझे समय ना देने पर भी मैंने किया था तुमसे असीम प्रेम

मत विलीन होना क्षोभ के उत्सव में
जो कभी घट ना सका उसके घटने की उम्मीद में
खुद को मत घटाना हर घड़ी
मुझे रोने की विकट आदत है
प्रयत्न करना कि तुम्हारी वजह से कोई अश्रु ना बहाये
सबको सुख ना दे सको तो रुककर उनकी बात धैर्य से सुनना
ऐसा करने पर ईश्वर तुम्हारी इबादत करेगा

जब थम जाये मेरी श्वासगति
देखना मेरी तस्वीर को ध्यान से
और विश्वास रखना मैं जहाँ भी हूँ कर रही हूँ सभी दोस्तों के लिए प्रार्थनाएँ।

धितांग

हेमन्त कुमार का धितांग धितांग बोले
गीत पर कुछ लिखने की इच्छा नहीं मुझे यहाँ
मेरे अपने जीवन में जितने धितांग बजते हैं हर दिवस
उन सब के बारे में कहना है मुझे आज

मैं कालीबाड़ी पोखर की आत्मजा हूँ
वहीं से जन्मी
पोखर किनारे टीम–टाम वाला छोटा–सा घर था
पोखर से कोकनद तोड़कर पूजाघर में माँ लोक्खी को चढ़ा दिया करती थी
वहाँ की लड़कियाँ छुटपन में हरिप्रिया–हरिप्रिया खेलने की होड़ में
खुद को ही हरिप्रिया समझ जाया करती थीं
ये मेरे जीवन का पहला धितांग था
मैं हरिप्रिया ना बन सकी

भारत के दूसरे सबसे बड़े महानगर में जन्मने के बावजूद मैं आज
तक बिरला तारामण्डल में माँ–बाबा को नहीं देख पायी
दादा उमेशचन्द्र बैनर्जी कहते थे मरने के
बाद हम सब तारा बनते हैं
कितने पापिष्ठ निकले दादा
कौन कहता है इतना बड़ा असत्य अपनी पौत्री से
यह दूसरा असत्य धितांग बनकर कानों में अभी तक टण्कार भरता है

घर के आँगन में देवी की प्राण–प्रतिष्ठा में वेश्यालय की मिट्टी लेने
जाती थी माँ और काकियाँ

सभी पुरुष अपनी पवित्रताएँ वेश्यालय के बाहर छोड़कर अन्दर प्रवेश करते हैं
एक ओज देखा है मैंने वेश्याओं के मुख पर
मन्त्रमहोदधि पढ़ाती रही माँ और काकियाँ बचपन में हम बच्चों को
काकी की नज़र बचाकर मैंने काका को देखा था एक बार वेश्याओं को देखते हुए
यह तीसरा धितांग मुझे किन्हीं चार पुरुषों पर विश्वास नहीं करने देता

जिस विद्यालय में प्रधानाचार्या हूँ
वहाँ का चपरासी मुझसे घृणा करता है
उसकी चाहना है कि मैं अपना ऑफ़िस तीन बजे ही बन्द कर दिया करूँ
वो डायबेटिक है, दोपहर में नींद की आदत है उसे
कभी देर हो जाती है तो घूरता है मुझे
मैं सॉरी भईया बोलकर मुस्कुरा देती हूँ
यह चौथा धितांग मुझे ही धिक्कारता है
ईश्वर उन्हें सदा स्वस्थ रखें

सुबह केश काढ़ती हूँ फिर अगली सुबह ही मौका मिल पाता है
थककर अगर मोबाइल में रवीन्द्र संगीत लगाती हूँ तो बच्चे इयरफ़ोन पकड़ा देते हैं
बच्चोंके बादशाह और जस्टिन बीबर से मेरे रवीन्द्रनाथ ठाकुर हार जाते हैं
इस पाँचवें धितांग में मेरा आत्मसम्मान खो जाता है

घृणा नहीं कर पाती किसी से
दूसरों की ग़लती पर भी खुद ही आगे बढ़कर क्षमा–याचना कर लेती हूँ
कलयुग में चालाक बने रहना चाहिए
जेठानी कहती है मुझसे
यह छठवाँ धितांग मुझे मेरी पहचान नहीं बनाने देता

सातवाँ धितांग आ चिपका है मेरी आत्मा से
बांग्लाभाषी होने के बावजूद भी मुझ पर बांग्ला शब्दों के नक़ल का आरोप लगा है
मैं अचम्भित हूँ
यह तो ऐसा हुआ जैसे पक्षी को कोई आरोप लगाये कि उसने अपने पर चुराये हों कहीं से
मैंने उनसे क्षमा–याचना की, समझाया, ईश्वर की सौगन्ध खायी कि ऐसा मैंने नहीं किया
मेरी नहीं सुनी गयी
मैं उनसे स्नेह रखती हूँ
ईश्वर उनसे पृथ्वी की सबसे सर्वश्रेष्ठ कविताएँ लिखवायें

कैसे होने चाहिए ये धितांग
सुन्दरवन के किसी बाघिन की तरह,
या राशन की क़तार में लगी एक सत्रह साल की लड़की की तरह
जो अपनी छाती ढाँपे खड़ी है
समुद्र किनारे सनबाथ लेते दो अंग्रेज़ों की तरह, या किसी किरानची की बुद्धि की तरह,
युद्ध में जाते सैनिक की तरह या
उस अधेड़ औरत की तरह जिसका सुख उसके शादी के लहँगे में सन्दूक में सो रहा है
या उस लड़के की तरह जो प्रपोज करने से डर रहा है
या उस बीमा–एजेंन्ट की तरह जिसकी कोरोना में पॉलिसी नहीं बिक रही

ये धितांग हम सब के जीवन में है
अन्तर बस इतना है कि कोई इसे टूटे पहाड़ की तरह साधता है और कोई
धितांग धितांग बोले गीत की तरह।

हे सन्तुष्टा

किस तार से कसा है ब्रह्मा ने तुम्हें
तुम षड्ज से ध्वनित पायी जाती हो
तुम बम फटने पर बंकर और पति के शरीर
पर हुए फोड़े के लिए चितागन्ध बन जाती हो

तुम नंगे पैर अपने शिशु के दवाई के लिए
पृथ्वी पर दौड़ती पायी जाती हो
तुम जेल में भी पोस लेती हो गर्भ
तुम कुत्ते की तरह दुम हिलाते हुए
दुःखों को भोग लेती हो
तुम बिल्लियों की तरफ चुम्मा उछालकर
सन्तुष्ट हो जाती हो
हे सन्तुष्टा

तुम खुद को छाँटते हुए अँधेरे में भी
प्रतापिनी लगती हो
उजास में एक उपस्थिति—भर हो
फिर भी सन्तुष्ट कैसे हो लेती हो
हे सन्तुष्टा

तुम राष्ट्र का गौरव कमाओगी तो भी
नहीं देगी सरकार तुम्हें पैसा

बोलोगी मंच पर तो भी नहीं
पाओगी पहचान

तुम खुद को बो देती हो देहरी पर
फिर भी तुम्हारे बेटे छत पर दारू पीते
पाये जाते हैं

हे सन्तुष्टा
तुम्हारे शयनकक्ष में तुम्हारी गन्ध–भर से
तृप्त हो सकते हैं देव, गन्धर्व
तुम्हारे मन के चन्द्रमा में रतिनाथ
शरण लेते हैं
तुम अन्धड़ में भी खोज लेती हो अपने
प्रेमी के लिए पेड़ की छाँव

तुम्हें घसीटता है जीवन
तुम जीवन को क्यूँ नहीं रौंद पाती
ये सन्तुष्टि का सेप्टिक तुम्हें ध्वस्त
कर देगा हे सन्तुष्टा

हे सन्तुष्टा
हे स्त्री
ये सेप्टिक तुम्हें ध्वस्त कर देगा।

अंबुधि में पसरा है आकाश

जो चीज़ें मुझसे छीन ली गयी हैं वे कला का रूप ले लेंगी
एक नये लेख की तरह शुरू किया हर नया दिन
एक ए.टी.एम गार्ड के मन की तरह साध लीं दोपहरें
गुरुदत्त की फ़िल्मों की तरह उतरी रात
प्रेम की चाह में भूखे हैं लोग
रोटी की भूख मिटाना सरल है, प्रेम की भूख मिटाना जटिल
पानी और स्त्री अवकाश रहित हैं
इनका कपाल एक साथ लिखा गया है
सुख उकुलेले बजाता हुआ नाचता है, नहीं ठहरता एक जगह
जैसे अरगनी से उड़ जाये कोई कपड़ा
मेरी कलाई पर बड़ा दायित्व है
अपने आस–पास की चीज़ों को ज़िन्दा रखने का दायित्व
नलों में पानी, चूल्हे में आग, तकिये में नींद भरने का दायित्व
एक खोयी हुई लड़की मिल जाने से मना करती है
वो उम्र से नहीं क्षतियों से परिपक्व होगी
दुःखों के छोटे–छोटे भ्रमण के लिए उसका हृदय एक सराय है
बिजली कट जाने से बहा पसीना
प्रेम जीवन से कटा तो बह गये भाव
तनख़्वाह कट जाने पर इच्छाएँ बह गयीं
पसीना, प्रेम और इच्छाओं ने साध लिया कविता का गुरुत्वाकर्षण
जुगुप्सा की काई लगी थी ज़मीन पर
पैर जमा–जमाकर चलना पहली शर्त थी

हृदय थर्रा रहा था, फ़िसलन ज़्यादा थी
तलवों से रास्तों को मल–मलकर जीवन निकाला
रास्तों से बना के रखनी थी, दीवारों से भी नहीं बिगाड़नी थी
एक बर्थमार्क है मेरी दाहिनी कोहनी पर
माँ कहती थी ईश्वर ने गर्म करछी लगाई थी दुनिया में भेजने के लिए
दाग़ छिप सके इसलिए माँ फ़्रॉक की आस्तीन कोहनी से नीचे तक रखती थी
और दाग़ को चूमकर बार–बार कहती भी थी दाग़ सुन्दर है
मैं उस दाग़ की सवारी करके माँ तक पहुँच जाती हूँ
मेरे और माँ के बीच वो दाग़ इतना रहा कि दाग़ ने माँ की शक्ल ले ली है
अंबुधि में पसरा है आकाश
उस आकाश को देखती हुई आँखें लालच से भर उठती हैं
मेरे दुःखों के पिता बनोगे ऐसा पूछती हूँ आकाश से मैं
अंबुधि में क़ैद है आकाश का उजास, उसकी नमी, उसकी ऊर्जा
उसकी यातनाएँ क़ैद नहीं है
अंबुधि में पसरा है आकाश।

वो केतली में कोलकाता भर लाया था

एक व्यापार चौकी की स्थापना ने कितने
मन्मथलेख लिखवाये
जॉब चार्नोक ने जब कोलकाता की स्थापना की थी
तो उसने सोचा भी नहीं होगा कि असंख्य लोगों के दिलों
को जोड़ने का काम उसके हाथों हो रहा है
उन दिनों माँ अक्टूबर में ही स्वेटर पहना दिया करती थीं
उनके हाथों से बने गर्म गफ स्वेटर जिसमें से
नेफ़्थलीन गोलियों की गन्ध आती थी
पच्चीस साल कोलकाता में रहने के बाद
कोलकाता मात्र शहर नहीं रह जाता
शरीर का एक अंग बन जाता है
एक इन्द्रिय
और दिन का एक महत्त्वपूर्ण पहर बन जाता है

कच्ची उम्र में मिला था वो
लड़कियों जैसे मन वाला लड़का
रॉयल कोलकाता गोल्फ़ क्लब के बाहर की सड़क उसकी पसन्दीदा
जगह थी
घण्टों खड़ा रहता था वहाँ
गोल्फ़र बनना चाहता था
अन्दर जाने के लिए प्रयत्न करता था
जुगाड़ लगाता था

बुबुकता था
मैं उन दिनों सांत्वना देना नहीं सीख पायी थी
ज़ोरा सांको ठाकुरबाड़ी में घण्टों घूमते हुए लगता था जैसे
रवीन्द्रनाथ हमारे आस–पास ही टहल रहे हों
अतीन्द्रनाथ मुखर्जी लेन से गुज़रते हुए
मैं उसके लिए झालमुड़ी ख़रीदती थी
वो मुझे बताता था
कि लहँगें अच्छे गरियाहाट में मिलते हैं
अपनी बहन के विवाह में वही से ख़रीदेगा

ठण्ड की एक सुबह माँ रसोईघर में रोहू पकाती हुई पिता पर
चिल्लाये जा रही थी
पिता ने तोतों को नहलाने में देर कर दी थी
पिंजरा भी गन्दा पड़ा था
दादी छोटे भाई को खुदीराम बोस की
कहानी गाकर सुना रही थी
मैंने देखा केतली हाथ में लिए
आँगन में आ खड़ा था
लड़की जैसे मन वाला लड़का
दालचीनी की चाय बना के लाया था
उस दिन माँ को मंगला हाट जाना था
चाय की गन्ध ने सबको आँगन में ला खड़ा किया

आँगन में धूप थी
चाय पीते–पीते सब उसे ऐसे सुन रहे थे जैसे
पृथ्वी पर सबसे मधुर जिह्वा उसी की हो
रौब इतना जैसे कोलकाता का ज़मींदार हो
बोनोमाली चैटर्जी लेन और धरमतल्ला के
कितने मनमोहक क़िस्से कहता हुआ

माँ को हँसा रहा था
पिता तोतों को नहलाते हुए माँ को घूर रहे थे

उसकी माँ कोसीपुर की थी
पिता मानिकतल्ला के
उसके सपने बड़े नहीं थे
चण्डीपाठ का शब्द–शब्द रटा हुआ था उसको
काठी रोल बनाना जानता था
क़िस्से कहता था
कोलकाता की हर गली का अलग क़िस्सा
वो समय बाँध लाया था
वो केतली में कोलकाता भर लाया था।

उनाकोटि* के रहस्य तले

शैलचित्र एवं मूर्तियाँ हैं
संकीर्ण पगडण्यिाँ, चहुँ ओर कानन
नदी की कल–कल ध्वनि है यहाँ
यहाँ रहस्य पसरा है हर दिशा
हर दिशा में रहस्यमयी मौन

अशोकाष्टमी मेले वाले दिन
अपने सोलहवें साल में मैं अगरतला होते हुए
घने जंगलों के बीच से पहुँची थी यहाँ
यह एक पहाड़ी इलाक़ा था
पत्थरों पर उकेरी गयी थीं कृतियाँ
पत्थरों को काटकर बनायी गयी थीं मूर्तियाँ
पैरों को छूकर दौड़ रहे थे कण्ठगर ख़रगोश
दो–एक बैंजनी रंग की चिड़ियाँ दिख रही थीं आस–पास

वहाँ के पत्थर बहुत ठण्डे थे
एक डूँगर पर पिता थककर बैठ गये थे
एक तीस फ़ीट ऊँची शिव की उनाकोटेश्वर मूर्ति
के पैरों पर माँ ने मेरा मस्तक झुका दिया

---

*उनाकोटि– अगरतला से कुछ दूर एक पहाड़ी इलाक़ा।

माँ को तो शिव के दर्शन होते ही लगता था
शिव सामने ही खड़े हैं
टी.वी. पर शिव दिखते तो पूरे परिवार से
हाथ जुड़वा लेती थीं माँ
शिव ने ही हरा होगा मेरी माँ को
वापस नहीं लौटाते अब

एक पौराणिक कथा जुड़ी थी इस जगह से
वहाँ के सुन्दर छोटी आँखों वाले लोग बताते हैं
कालू नाम का एक शिल्पकार
शिव पार्वती के साथ कैलाश जाना चाहता था
शर्त रखी गयी कि एक रात में
जो एक करोड़ मूर्तियाँ बनायेगा
वही जा सकेगा कैलाश
पूरी रात मूर्तियाँ बनने के बाद जब सुबह गिनती हुई
तो एक करोड़ से एक संख्या कम निकली
एक करोड़ से एक संख्या कम को उनाकोटि कहते हैं

उनाकोटि के रहस्य तले
कुछ रहस्य रह ही जाते हैं जानने को।

चित्रगुप्त की छाया तले

(एक)

तुम कौन हो?
पटकथा की साइड हीरोइन हूँ
कहाँ से आयी हो?
हिक्किम के पोस्ट ऑफ़िस से
प्रेम करती हो?
हाँ, चित्रगुप्त से
चूमा है किसी को?
हाँ, कीटों और सुग्गो को
क्योंकर भला?
क्योंकि वे वापस चूमते हैं
उत्कट क्रोध की घड़ी में क्या बनना चाहोगी?
एक बाग़ी झण्डा

(दो)

मुझे मात्र नाम से ही जानती है दुनिया
प्रकृति, विवेक, संगति, आलिंगन, पीड़ा से नहीं
मेरी मृत्यु को जानेगी दुनिया
अन्तरतम में
एक बिरुद की तरह

(तीन)

जब ब्याह दी गयी थी
तब उन्नीस बरस की थी
तब से
पवनचक्की की तरह चल रही हूँ
औज़ार की तरह रख दी गयी हूँ
सरकारी मोहर की तरह उठा दी जाती हूँ
नक्षत्रमालाओं की तरह पूर्वजों को
चढ़ा दी जाती हूँ
वज्रघोष की तरह टण्कार दी जाती हूँ
अब भी उन्नीस बरस की हूँ

(चार)

तलवों तक धँस जाने वाली रात में
तुम गड़ जाते हो मेरी गर्दन पर
जैसे कोई बच्चा सेब मे गाड़ देता है अपने दाँत
इससे पहले कि मैं सो जाऊँ
मुझे जड़ दो
दुःख के गाल पर
मुझे कविता में चुभने वाली पंक्ति बनना है

(पाँच)

एक तनावहीन दोपहर में
मक्खी की हुंह्ह सुनती हूँ
जैसे मक्खी कहना चाहती हो
मनुष्यों को भिनभिनाते देखना
एक संजीदा बात है।

अनुकांक्षा

एक अनुकांक्षा इतनी क्रोधित है कि
उसके अन्दर सिकती हैं कई रोटियाँ,
सिकुड़ते हैं राजमार्ग और वह त्रिनेत्र से
युद्ध की घोषणा करती है

एक अनुकांक्षा इतनी मौन है कि
तुमसे कभी नहीं पूछेगी कि उन्नीस अट्ठे
कितना होता है और सेंधा नमक में क्या
क्या गुण है

एक अनुकांक्षा इतनी निर्भीक है कि
भाग कर मनचाहे वर से विवाह कर
लेती है और सारे श्रृंगार उतार कर
चुपचाप घर वापस आ जाती है

एक अनुकांक्षा इतनी हठी है कि जीत
आती है पाँच सौ मीटर की रेस और
निकाल लेती है पुराने कैसेट से अपने
पूर्व प्रेमी का गुड्डड़–मुड्डड़ चेहरा

एक अनुकांक्षा इतनी डरी हुई है
कि तकिये के नीचे से कभी नहीं
निकलेगी, चौबीसों घण्टे पेट के
बल पड़ी रहती है

एक अनुकांक्षा इतनी गोपनीय है
कि जीवन को डि–कोड करती
रहती है, उसे ईश्वर की नहीं
अपराध की ज़रूरत है

एक अनुकांक्षा इतनी छोटी है कि
अचानक ही आटे के कनस्तर से
निकल आती है और फ़्रिज खोलते ही
ग़ायब हो जाती है

एक असभ्य अनुकांक्षा जूतों में
पड़ी रहती है
एक अनुकांक्षा छुरी से निकाल लेती
है मेरा रक्त
एक अनुकांक्षा आपके मन में जीवन
भर बिना कुछ कहे रह सकती है
एक अनुकांक्षा दराज़ में विलाप
करती है

हम इन अनुकांक्षाओं के प्रति
कितने क्रूर हैं

अनुकांक्षाओं की अमरबेल
हमारी अनुकांक्षित आत्मा में
कई अनुकांक्षाएँ लिए बढ़ती
चली जाती है
रुदन में, वृष्टि में, सुख में

मैं इन अनुकांक्षाओं के प्रति
नतमस्तक हूँ।

अबीन्द्रनाथ आयेंगे

अबीन्द्रनाथ आयेंगे
बदलेंगे माथे की पट्टियाँ
ऐसा तो ना होगा

ऐसा तो ना होगा कि अब मैं
तीन–चार सत्यजीत रे जन्मूँगी
शलजम के खेतों की बनूँगी मालकिन
या ख़रीदूँगी आई.पी.एल. की टीमें
ऐसा तो ना होगा

मेरे जूते का फ़ीता बाँधने छः लड़के झुक जाये
कोई बवण्डर आते–आते अचानक रुक जाये
देव मेरे नाम मेघमालाएँ कर जायें
ऐसा तो ना होगा

मैंने खुद के साथ रोपा है जिसे वह कमबख़्त
फूटता नहीं
रिक्त ग्रीवा से गीत गाने पर सुर सजता नहीं
फ़्रिज में कभी कोई महँगा फल नहीं मिल सकता
एक रहस्य है जिसका खुलासा किया नहीं जा सकता

खिड़कियाँ और बालकनियाँ अब साथ नहीं देती
घर बारह क़दमों में ख़त्म हो जाता है
पृथ्वी तेरहवें क़दम पर
कबूतर नींद तोड़ देते हैं
विनोद मेहरा अब कम दिखते हैं
वेबिनार्स से दण्डित रहूँगी पता नहीं और कितने दिन

जीवन शाम की छाया की तरह सरक रहा है
मैं उस पर आँख कान मूँदकर पेट के बल लेटी पड़ी हूँ।

रवीन्द्र कानन* में घूमते हुए

दिनास्त का समय था
लोग कानन को नहीं अपने साथियों को देख रहे थे
ढेर सारे पुष्पों के बग़ल में बैठे थे दो प्रेमी
पहाड़ जैसी पीड़ाएँ किसी महावत को दे आये थे
प्रेयस के हाथ में एक किताब थी
प्रेयसी के हाथ में एक कुमुद
पृथ्वी, आकाश, पहाड़, नदी
उनके बीच इस समय कुछ नहीं था
मात्र साँस लेने भर की हवा थी उनके बीच

दूसरी तरफ़ एक व्यस्क जोड़ा
चावल, तिलहन, चाय और
रमास के हिसाब को लेकर बहस कर रहा था
प्रेम शायद ऐसे ही वयस्क होता होगा

थोड़ा आगे चलने पर दो लड़कियाँ बैठी थीं
उसमें से एक इतना रो रही थी जैसे उद्यान को
अभी रुद्रसागर झील में बदल देगी
दूसरी लड़की पर ज़िम्मेदारी थी

---

*रवीन्द्र कानन–अगरतला में एक पार्क

वह उसे समझा–बुझा रही थी
मेरे निकट आने पर दोनों चुप हो गयी

पाँच लड़के एक वृक्ष के नीचे कुछ योजना बना रहे थे
थोड़ी थोड़ी मूँछें आयी हैं सभी को
जीवन अभी उनके लिए मौज है
मुझे शक हुआ या तो किसी लड़की को
प्रेम–प्रस्ताव देने की योजना रही होगी
या परीक्षा में नक़ल की योजना बना रहे होंगे
लड़कों को देखते ही ऐसी भावना
उनकी कुटिल मुस्कान को देखकर
मेरे मन में आयी थी
इसमें मेरा दोष नहीं

कुछ बूढ़े पचौनी के लिए टहल रहे थे
जितने लोग, उतनी कहानियाँ, रहस्य उतने ही
रवीन्द्र कानन में एक कोने से
सब तरफ़ आँखें घुमाने पर
लग रहा था दोलोत्सव चल रहा हो
रवीन्द्र उद्यान में
पूरब की हवा हरोआ नदी से होकर
घासों को चूमती हुई
ढिल्लड़ हो जाती है।

किस आँख में है मेरा आलय

अनुचरी हूँ
बलपूर्वक बन्द किये हैं मैंने अपने होंठ
दम–ख़म के नाम पर दो हथेलियाँ हैं
जीवन एक कूट प्रश्न से बढ़कर कुछ नहीं
मैं पौ फटने की वेला हूँ
दोपहर तक के ईन्धन की सम्भावना लिए
निरुद्देश्य रात्रि तक अनुपस्थित रहती हूँ दृश्य में
क्या रात्रि की आँख में है मेरा आलय

मैं मयूरभंज की एक मुद्रा हूँ
एक मुख्यमन्त्री के सम्मुख किसी चरित्र को दर्शाती एक
तकनीक–भर
मैं एक चुम्बन की मोहर हूँ
एक तितली के स्वप्न में पुष्प बनकर अडोल पड़ी हूँ
दीवार घड़ी का मौन हूँ
कई युद्ध, कई जन्म, कई मरण, कई कर्फ़्यू देखने को नियमबद्ध हूँ
क्या किसी नियम की आँख में है मेरा आलय

धीरे–धीरे मरने की प्रक्रिया हूँ
चारों तरफ खड़े लोगों को एक निरर्थक प्रतीक्षा कराती एक देह–भर
गुलेल से निकला एक कंकड़ हूँ

तुम्हारे सीने पर लगने वाली चोट से निकली आह का पानी
क्या किसी प्रतीक्षा करती हुई आँख में है मेरा आलय

कितनी चीज़ें नष्ट हुई हैं मुझसे
दिमाग़ में चलती है एक पवनचक्की
आँखें दिशाओं को उठाकर मुट्ठी में बन्द कर देती है हठपूर्वक
औचक ही टूट जाती है नींद किसी काग़ज़ के फड़फड़ से
क्या किसी नींद भरी आँख में है मेरा आलय

मैं उठी थी एक बार जंगल बचाने की उम्मीद बनकर
मेरे एक हाथ में धूँ–धूँ की ध्वनि है
एक हाथ में कुछ कविताएँ
क्या कविता पढ़ती किसी आँख में है मेरा आलय

कहो देव
किस आँख में है मेरा आलय।

उठने पर पृथ्वी दुर्द्धर्ष लगती है

उभर के उठ आओ रसखान के छन्दों से

उभर के आओ रसख़ान के छन्दों से
कवित्त की तरह
धँस जाओ मुझमें
मैं सोलह श्रृंगार कर चुकी हूँ
नवेली दुल्हन की तरह

भर लो एक बूढ़े शमशान का गौरव ख़ुद में
एक लाकड़ की तरह
दो मुझे मुखाग्नि
मैं मर चुकी हूँ
एक अतृप्त प्रेमिका की तरह

निकलो उस पुराने भारतेन्दु युग से
उन्नायक की तरह
उठाओ मुझे
मैं गिर चुकी हूँ भाषा में
अप्रचलित शब्द की तरह

आओ बिना किसी विलम्ब के
ज़िद्दी बनकर आओ
मैंने देखा है ब्रह्माण्ड को
सबसे ज़िद्दी दिलों के प्रेम
में पड़ते हुए...।

तुम्हें सभी आँखों का एकटक नहीं बनना

नहीं बनना सभी दग़ैल दाग़ियो का संहार
तुम्हें सभी युगों का अरिन्दम भी नहीं बनना
सभी फूल, सभी पेड़, सभी प्रश्नों का उत्तर,
सभी ख़ालीपन का भराव नहीं बनना
नहीं बनना तुम्हें हर कविता की टीस
नहीं बनना सभी घाटो का पानी
इतने भीषण धधक वाले समय में
तुमने ईश्वर को झिंझोड़कर उठा दिया है

बनो तुम ईश्वर का एक चुम्बन जिसमें
ईश्वर, कविता और ये दुनिया रह सके।

निर्निमेष देख रही हूँ तिमिर को

ये मेरा एक निज इच्छित भाव है
यहाँ मैं हूँ और तिमिर है
ये बाघों और बकरियों की सुलह का मुद्दा नहीं
मैं दे रही हूँ तिमिर को अपनी आयु
तिमिर में बो रही हूँ अपना दुर्बोध समय
तिमिर में हृदय हो रहा है मूर्च्छित
तिमिर में मस्तिष्क से हो रही हूँ विकलांग
तिमिर में गिर रही हूँ धम्म से

धम्म से गिर पड़ी हूँ।

चिड़िया निकट नहीं आती

यथासाध्य प्रयास करती हूँ कि
दुलारूँ उसे
मानव–देह से निकलती पाखण्ड गन्ध चीन्हती है
मेरे दूर जाते ही दाना चुगती है
ये कपट मुझसे सीखा है उसने

मेरे पास दाना है, कपट है
चिड़िया नहीं

चिड़िया मेरा दाना चुग लेती है
मैं नहीं चुग पाती चिड़िया का सामीप्य,
चिड़िया का दुलार
चिड़िया का प्रेम।

तारुण्य

मुड़े हुए पन्ने में एक अकड़ थी
उस अकड़ के समान कोई बर्फ़ ना था
उस बर्फ़ को पिघलाने वाला सूर्य
प्रेमियों के अन्दर डूब चुका था

उसे मोड़ा ही इसलिए गया था क्योंकि
उसने अपने पढ़ने वाले की छाती में
टिकायी थीं अपनी कोहनियाँ
चीर दिया था उसे
उसके ख़ाल के नीचे से निकाल ली थी
उसकी प्रेयसी के नाम की हाँफ
और ठोक दिया था उसे सम्भावनाओं की मीनार पर

पुंसत्व से भरा हुआ
मुड़ा हुआ पन्ना
अपने तारुण्य में जमा रहेगा
चिर आयु।

अर्द्ध हूँ

अर्द्ध हूँ
अपने होने में भी अर्द्ध
अर्द्धरात्रि तक अर्द्ध–गति भर रह जाती हूँ
तुम्हारी अर्द्ध–निष्ठा और अर्द्ध–प्रेम से अभी
अर्द्धनिर्मित हूँ

ये कठोर अर्ध–प्रशासनिक व्यवहार तुम्हारा
मुझे अर्द्धाकार कर देता है

तुम्हें पाने की अर्ध–सम्भावना मात्र से ही अघा
जाती हूँ
मेरा अनजिया अर्ध
अर्थ पाता है प्रिये।

नन्हे गमक

एक

हे मनु
मृत्यु की ख़बरें मुझे खुरच रही हैं
अश्रु पीट रहे हैं मुझे
बीज मुझे खाद्य की तरह करते हैं इस्तेमाल
सुप्रभात के सन्देश मुझे घातक लगते हैं
बाघिन की तरह पसरी हैं यातनाएँ
हमारे बच्चे व्यस्त हैं युद्ध में
सिकुड़ती हुई धरती निकट ला रही है मृत्यु

तुम्हारी
शतावरी

दो

ना हाथों में एटलस
ना आँखों में एडवेंन्चर
गोया फिर भी ये लोग
पृथ्वी उछाला करते हैं
(रोज़ सुबह अख़बार देने वाले भईया)

तीन

फोन पर उनसे क़रीब आधा घण्टा बात हुई
लगा ही नहीं
करीब उनतीस मिनट उनसठ सेकण्ड जैसा ही कुछ लगा
आधे घण्टे जैसा कुछ लगा नहीं।

इति

कितना बड़ा कुप्रबन्धन है ये कि
हम सकुशल अपनी मंज़िल तक
नहीं पहुँच पाते
आसपास की कोई चीज़ नहीं चौंकाती
पृथ्वी को हम धुनते हैं
आकाश को श्राप समझकर घूरते हैं
एक कविता लिखी और
जीवन की इति हुई
ये इति मुझे अंगीकार कर बैठी है
इस इति से मुझे अलग करने के लिए
पृथ्वी बराबर एक चाकू चाहिए
फिर से जीवन जीने के लिए
अपने से सौ गुना बड़े आकार का दुःख चाहिए।

हवा

हवा
एक गुमशुदा पत्र की तरह थी
नियमबद्ध कानून की तरह
नये नये लोकप्रिय कवि की तरह

हवा
हमारे रहस्यों को साँस की तरह
खींचकर दुर्दिन दिनों में भी
ज़िन्दा रह जाती है

हवा
एक दिन छीन लेगी तुमसे
मुझे।

निष्ठुर लड़की

उसने अँधेरे से घुप्प लिया
बुतों से छीना वधस्थानों का इतिहास
गुम्बदों से जाना चिड़ियाओं का विवेक
बिगुल से सीखती रही अभिनय के नुस्ख़े
कर्फ़्यू से ले ली मूर्खों की उक्तियाँ
एकान्त में कविता लिखी
वह बन्दूक से नहीं मरेगी
कविता हलक़ से ठाँय करती हुई
एक दिन उड़ जाने का अभिनय करेगी
और सीखेगी कि
हर तिरस्कार के बाद गिरा आख़िरी आँसू
पहले आँसू के लिए
पुरस्कार है ...
हर पुरस्कार के बाद बजी
पहली ताली
आख़िरी ताली के लिए
तिरस्कार है।

पच्चीसवें घण्टे का टोटका

क्या सीखा तुमने
एक लौटे हुए पतझड़ से
एक इंतज़ार मे बैठी लड़की से
इकट्ठी रखी शिकायतों से
ऊँघती हुई सरहदी मिट्टी से

क्या सीख पाओगे तुम
बूढ़े नाविकों से समुद्र के साम्राज्य की बारीकियाँ
उस कविता से जिसे एक असफल प्रेमकथा ने जना
गिरे हुए फूलों से डालियों के पकड़ की प्रक्रिया
उस ऋण से जो अनुत्तरित प्रश्नो से दुगुना हो रहा है

क्या सब कुछ सीख कर भी सिखा पाओगे
चिड़ियाओं को चिड़ीमारों का रहस्यमयी मनोविज्ञान
प्रेमियों को प्रेम–गीत लिखवाकर ग्रैमी जीतने का नुस्खा
ईश्वर के प्रिस्क्रिप्शन पर कैसे लिखी जाती हैं चन्द साँसें
क्या सीखा पाओगे
एक बेहद सरफिरी लड़की को पच्चीसवें घण्टे का टोटका।

मैं अपनी ही शव-यात्रा में चली जा रही हूँ

लोग रोग से मरते है
मर जाते हैं भूख से
महामारी, गोली, बारूद से मरते हैं
कभी–कभी पैसों की कमी
से भी मर ही जाते हैं
युद्ध और ख़ुदकुशी से मरते हैं
कोई–कोई दुःख भी प्राण ले ही लेता है
मर जाते हैं सदमे से

मेरी मृत्यु तुम्हारी ऊब से हो चुकी है
मैं अपनी ही शव–यात्रा में चली जा रही हूँ।

बच्चे रुष्ट हैं हमसे

अल–शुहादा स्कूल में पिछले दिनों धमाके में मारी गयीं बच्चियों की
मेज़ पर फूल रख रहा है एक कर्मी
नहीं हो सकी अफ़ग़ानिस्तान और तालिबान के बीच शान्ति वार्ता
नतीजनन मर गई बच्चियाँ
उधर इज़राइल और इस्लामिक आतंकी संगठन हमास के बीच
सातवें दिन भी संघर्ष जारी रहा
हमले में तेरह बच्चे मर गये
एक अन्य देश में स्कूल बस उड़ा दिया आतंकवादियों ने
हे दुग्गा, सैंतालीस बच्चे और मरे

बच्चे मेरे देश के हों या अन्य किस देश के
सच्चे, कोमल, सुन्दर
बच्चे ज्वालामुखियों, बुख़ार, पीड़ा अथवा बादल फटने से नहीं, बम
से मर रहे हैं
बच्चे युद्ध में मर रहे हैं
अभी–अभी दुनिया में आये बच्चे, गेंद लपकना भी नहीं सीख पाये
हैं, चाँद को देखकर पूछते हैं माँ से कि वो क्या है,
बच्चे अभी दुनिया को अचरज की नज़रों से ही देख रहे हैं
बच्चे हमसे रुष्ट हैं, वे संसार से चले जा रहे हैं

बम, महामारी, तोप, युद्ध
बच्चे अभी समझते भी नहीं इन सबका अर्थ
वे अभी अपनी माँओं और दूध की बोतल को ही जीवन समझते है

वे अभी–अभी खेलना सीखे हैं
वे अभी सीधी चप्पल भी नहीं पहनना सीखे
कुछ के तो दाँत भी नहीं आये अभी
कुछ अभी तुतला रहे हैं
फिर भी वे जा रहे हैं
बड़ों की हरकतों से नहीं लड़ पा रहे
वे रुष्ट हैं हमसे
बच्चे दुनिया से चले जा रहे हैं
उनकी अनकही मीठी बोली किसी फल को नहीं मिल सकेगी

कौन पूछेगा बुद्धिजीवियों से
युद्ध है आवश्यक या बच्चे
वे सभी शब्द, सभी चित्र, सभी आविष्कार, सभी कलाएँ, सभी नृत्य,
सभी उत्सव, सभी लेख, सभी कविताएँ, सभी उपन्यास, सभी कृतियाँ
जो हमें उन बच्चों से मिलने वाली थीं
वे बच्चों के साथ–साथ अकाल मृत्यु को प्राप्त हुईं

वे सभी फूल जो वे बच्चे तोड़ते
वे सभी पेड़ जो बच्चे लगाते
वे सभी कारख़ाने, मंच, प्रकाशन घर, पुस्तकालय, विद्यालय, बाग़ीचे
जो वे बच्चे बनाते
वे सब भी बनने से पहले ही नष्ट हुए
वह हर एक चीज़ जो छूते बच्चे
वे खण्डित रह जायेंगे, नहीं मिलेगा उन्हें कोई मोक्ष, नहीं मिलेगा
कोई अन्य जन्म
बच्चे हमसे रुष्ट हैं
बच्चे दुनिया से चले जा रहे हैं

कितना उठा है वस्त्र–बाज़ार संसार में
बच्चों के समक्ष हम नंगे खड़े हैं

एक आरोपी की भाँति, परन्तु हमें कोई फाँसी नहीं दी जायेगी
हम पुनः बच्चे बनाने की प्रक्रिया में भूल जायेंगे मरे हुए बच्चों को
जिस मिट्टी में दबाये जायेंगे, सिराये जायेंगे जिस नदी में
उस मिट्टी की धूल और उस नदी का पानी एक दिन बदला लेने
उठेंगे हमसे

तब यह डर नहीं होगा कि
कोई डाकू आयेगा और उठा ले जायेगा तुम्हारा अनाज
या कोई अन्य देश का राजा तुम्हें गुलाम बनायेगा
ऐसा भी न होगा कि तुम्हारी अर्थव्यवस्था आ गिरेगी धड़ाम
यह सब बहुत छोटी चीज़ें हैं
सोचो कोई बड़ी बात नहीं कि कोई नया वायरस आकर हमें
नपुन्सक बना दे
कुछ नहीं कहा जा सकता भविष्य के ख़तरों के विषय में अब
धर्म, ईमान, सच्चाई, देश, इज़्ज़त कुछ भी नहीं बचा सको अगर
बचाये रखना बच्चों को
वे ही तुम्हारा भविष्य बचायेंगे

संसार के सभी जीवित, मृत बच्चों ने
संसार का नाम क़त्लगाह रखा है
बच्चे रुष्ठ हैं हमसे
या हम रूष्ठ हैं अपनी विवेक से
बच्चे ये दुनिया छोड़कर चले जा रहे हैं
इन्हें बचाओ, इन्हें बचाओ।

मैं एकान्त के तारुण्य में जमी हुई हूँ

जिया बहुत कम–कम
हाथ खींच–खींचकर
अधजिया कभी–कभार
एक कविता लिखने से ठीक पहले
अनजिया अधिक ही
अन्यमनस्क बनी रही
अज्ञात रही
साँसों के अलावा कुछ खींच ना सकी

समय को बलवान मुझ विस्मयविमूढ़ की
कमज़ोरी ने बनाया
मेरी बिन ब्याही इच्छाओं पर
एकान्त का कौमार्य गिरता रहा
गिरता रहा रक्तचाप का सन्तुलन
मैं नंगे पैर शहर में दवाई
के लिए दौड़ लगाती हूँ
रास्ते में एक ग़रीब बच्चे के मिलने पर
उसकी हथेली से चमाचम भविष्य निकालती हूँ

मुझे गुहाभिलेखों के समीप ढूँढना
मैं एकान्त के तारुण्य में
जमी हुई हूँ।

आक

प्रसव के समय मेरे पास कोई ना था
गर्भ को मीठा, खट्टा, तीखा कोई स्वाद ना मिला
कोई दाई, कोई वैद्य, कोई अस्पताल ना मिला

दो आत्माओं के मिलन से उभरे गर्भ ने
एक कविता जनी
मेरी आत्मा एक आक की भाँति
इस कविता को दूध देगी

ये कविता कभी नहीं कहेगी
कि तुम इसके पिता हो।

अक्सरहाँ ही कम चीज़ों में ही गुज़ारा किया

कम हवा वाली साइकिल पर ही सफ़र किया
कम फूली रोटियाँ ही थाली में मिली
कम रोशनी वाले बल्ब में अंधेरे काटे
अपने मन का सबसे कम हिस्सा दिया ईश्वर को
जनशून्य जगह पर बैठकर कल्पनाएँ की

उत्कट इच्छाओं ने जब जब झिंझोड़ा
कम समय में ही तुमसे मन–भर बातें की

ओक भर पानी पिया
अभाव में जीवन ज़िया
तुम्हारी कविताओं को तीर्थ माना
कम–कम जीवन ज़िया
बचाया तुम्हें ज़्यादा।

आँखें

एक तरह की आँखें नहीं सबकी
जब तक एक जोड़ी आँखों में तुम
तैरना सीख पाओगे
तब तक दूसरी जोड़ी आँखें तुम्हारी पुण्यतिथि
मना चुकी होगी

आँखें भिक्षापात्र बन चुकी हैं
ये बहा देगी तुम्हारा दुःख जैसे
चप्पू बहा देता है नाव का भारीपन

आँखें
मकई के पूले की तरह तुम्हारी आत्मा
को थामे रहेगी

आँखें
देखेंगी सब
परन्तु पायेंगी मात्र रोने–भर की जगह।

विदागीत गाये जाने से ठीक पहले

रेलें सभी रोक सकती हूँ
केले के पात पर खिला सकती हूँ तुम्हें भात
जवाकुसुम की माला बना सकती हूँ तुम्हारे लिए
जंगली घासों से तैयार करवा सकती हूँ पाण्डुलिपियाँ
सप्तऋषि मण्डल में बना सकती हूँ तुम्हारे लिए जगह

पक्षियों की प्रजा बनाकर तुम्हारा राज्यभिषेक कर सकती हूँ
क्षत–विक्षत कर सकती हूँ ज्वालामुखियों की योजनाएँ
हड़का सकती हूँ उल्लुओं को
अबोले शब्दों को छिपा सकती हूँ पेड़ों में
गोपनीय रख सकती हूँ तुम्हारी पूर्व प्रेमिकाओं के रहस्य

विदागीत गाये जाने ठीक पहले
ख़ुद को प्राणहीन करके पूर्णत्व प्राप्त
करा सकती हूँ तुम्हें
मुझे पवित्र करो कल्लोलिनी की तरह

मेरी आँखों में झोंक दी गयी हैं
एकादशियाँ और अमावस
हे समय
मुझे मूर्च्छित होने की कला सिखाओ

मेरे होंठों ने वर्षों से बोझ उठा रखा है
ना मुस्कुरा पाने के मौसमों का
हे समय
काट लो मेरे होंठ प्रेयस की तरह

मुझे निकाला गया है शादीघर से
अपशकुन की तरह
हे समय
मुझे पवित्र करो कल्लोलिनी की तरह।

मेरी जायचा[1]

ख़ुदा हुआ सोना होगा मेरा जीवन
ढाला हुआ लोहा होगा मेरा जीवन

मेरी जायचा में लिखा है
तुम्हारे सिर और बोझों के बीच बैठी रहूँगी
मैं एक डिल्ले[2] की तरह
सन्तुलन साधती हुई
जीवन–भर।

---

1 जायचा–जन्मपत्री।

2 डिल्ले–सिर पर बोझ के नीचे रखने के लिए गोल गद्दी।

धाँस

झर रहा था झरना
धरती को नुक़सान पहुँचाये बिना
बह रहा था पानी
पहाड़ो को नुक़सान पहुँचाये बिना
फट रहा था बादल
आकाश को नुक़सान पहुँचाये बिना

तुम छू रहे थे मुझे
पहुँचा रहे थे नुक़सान

चिड़ियाँ उड़ रही थीं आकाश में
आकाश को नुक़सान पहुँचाये बिना
तितलियाँ पी रहीं थी फूलों का रस
फूलों को नुक़सान पहुँचाये बिना

तुम कर रहे थे प्रेम
पहुँचा रहे थे नुक़सान

इस नुक़सान की धाँस ने
जकड़ा है मेरा जीवन।

नकघिसनी प्रार्थनाएँ

जीवन के तुमुल में
किसी पुण्डरीकाक्ष, किसी नटेश्वर के पास नहीं मिला कारुण्य
किसी मनोहारिणी स्त्री के पास नहीं मिली कामाख्या की शक्तियाँ
किसी पक्षी ने वृक्षों की पीड़ाओं के विषय में नहीं बताया
किसी रगड़ के पास नहीं थी पत्थरों की जीवनी
किसी मनके, माला में नहीं मिला एक सौ आठ तरीक़े का सुख

जीवन के तुमुल में
मिली मात्र नकघिसनी प्रार्थनाएँ।

हृदयों अब सीझ जाओ

रात
ईश्वर की सरचढ़ी लड़की है
अपनी मनमानी करती रही
दिन
इस लड़की के प्रेम में है
इसे लुभाने के लिए कुछ भी करेगा
और इस तरह ईश्वर अपनी
तादाद बढ़ा रहा है

कितना शास्त्रज्ञ निकला समय
हर अघटित को
हर अगोचर को
हर अछूते को
हर अदम्य को
दे दी ये प्रकृति

हृदयों,
एकान्त के एकान्त में
सीझ जाओ अब।

एक काली दोपहर में

सिंहासन पर बैठे देव
एक काली दोपहर में
देख रहे हैं पृथ्वी पर लेटी स्त्री को
देख रहे हैं उसकी लाज, उसके लांछन, उसकी अनझपकी आँखें
देख रहे हैं उसकी छाती में धँसा मौन
उसके चूल्हे के राख
उसके कटे तलवे
उसका धारीदार पेट
उसके लटके स्तन
देख रहे हैं
उसकी टूटी चीज़ें
उसकी अधूरी प्रेम कहानी
उसकी अस्वीकृतियाँ
उसकी ओझल धवलिमा

सिंहासन पर बैठे देव
नहीं देख पा रहे एक स्त्री की मुमूर्षा।

उठने पर पृथ्वी दुर्द्धर्ष लगती है

मैं उठना नहीं चाहती
गिरी पड़ी रहना चाहती हूँ
एक शिशु के नींद में स्वप्न की तरह
धान में चावल की तरह
अकाट्य सत्य में कड़वाहट की तरह
संघर्ष में पुरस्कार की तरह
चुप्पी में अग्रिम ख़तरे की तरह
पसीने से लथपथ देह में गन्ध की तरह
आधुनिकता में हिन्दी की तरह
उठने पर पृथ्वी दुर्द्धर्ष लगती है

मुझे सलाह मत दो
मुझे रो लेने दो
मैं जल्द ही शान्त हो जाऊँगी
मुझे ज्ञानियों में मत बिठाओ
मुझे वहाँ बिठाओ जहाँ मंगल ग्रह पर
जाने की कोई होड़ न हो
मैं जल्द ही सन्तुष्ट हो जाऊँगी
मुझे जलसे मत दिखाओ
मुझे आकाशवाणी के रद्द किये हुए प्रोग्राम सुनवाओ
पढ़वाओ रद्द की हुई पांडुलिपियाँ
मैं जल्द ही सीख जाऊँगी
तानाशाह बनाकर न खड़ा करो मुझे
मुझे बैठे रहने दो
उठने पर पृथ्वी दुर्द्धर्ष लगती है।

जलपात्र में दिखते हैं ब्रह्मा के चौदह मनु

एक लीला रचने आते हैं दिन और रात

समय अगर एक पपीता होता
खा जाती उसे मैं एक ही बार में
समय इतना बलवान है कि मेरी काया उसके आगे लगती है एक अमीबा
यहाँ कोई मुझे माइक्रोस्कोप लेकर नहीं देखता
मैं इतनी अशक्त हूँ कि समय को आँख–भर भी नहीं देख पाती
मन में जीवन की एक बड़ी–सी सूची है
सूची में अधिकांश हिस्सा दुःखों से घिरा है
दुःख की एक वल्लरी पर आस के पुष्प हैं
इन्हीं पुष्पों से गन्धा रही है महिका
मन से फूटकर निकलती है एक अनुकांक्षा
यह अनुकांक्षा जीवन को एक घटना में तब्दील कर रही है
लालायित हैं आँखें, हथेलियाँ जैसे किसी संकेत की प्रतीक्षा में बैठी हैं
कैसे रहूँ मैं जीवित
अल्प–सी मैं,
आश्चर्य में अभी देख ही रही हूँ पृथ्वी और आकाश
देख रही हूँ एक एक पुष्प और पात
नक्षत्रों का डुलना नहीं देख पा रही
देख रही हूँ हर अज्ञात घटना
अर्द्ध, अचेत–सा मेरा मन
चेतनाओं की एक दृश्यावलियाँ देख रहा है

मैं एक मिट्टी की तरह भुरभुरा रही हूँ
समय अपने काँधे पर हल रखकर आगे बढ़ गया है
कैसे रहूँ जीवित
समय ने छितरा दिया है मुझे पीड़ाओं के बीचोबीच
एक आस अन्दर से दूर जाती दिख रही है
एक लीला रचने आ आते हैं दिन और रात।

एक भूल का विज्योल्लास

जिन लोगों से हम मिले,
वे तो राख थे
आग तो वे थे, जिनसे हमारा अभी मिलना बाक़ी है
इस बाक़ी में बचा है अभी एक तूल
मैं इस बाक़ी की परिधि में भूल रही हूँ कुछ चीज़ें
शीत में हाड़ काँप रहा है, मैं भूल गयी हूँ ताप कहाँ से पाऊँ
हवन की लकड़ी के समीप बैठकर भूल गयी हूँ श्लोक पढ़ना
कांक्षनीय चीज़ों को भूल गयी हूँ
मैं भूल जाती हूँ कि कौनसा निमन्त्रण किस दिवस का है
भूल चुकी हूँ कि एक हरे में कितना नीला छिपा है
ध्वनियों की मधुरता भूल चुकी हूँ

अन्तिम बार किसने तोड़ा था विश्वास मेरा, यह तो कब का भूल चुकी हूँ
एक स्मृति जो प्राणघातक है, उसकी चपेट में खुद का टूटना भूल चुकी हूँ
भीतर एक अभाव है, उस अभाव को महसूसना भूल चुकी हूँ
एक पूर्णता की खोज की भटकन भूल चुकी हूँ

अनुभव के आगे खड़ी कल्पना भूल जाती है
एक भूल का निष्कम्प
एक सत्य का उपासक भूल को देखकर मीच लेता है अपनी आँख
एक पड़ाव की गति उसके ठहराव में है
एक हर एक भूल में काश यह भूल सकती कि मैं मात्र एक स्त्री हूँ
मैं भूलवश एक भूल के विल्योल्लास में भूल चकी हूँ कि भूल न
पाना कोई सबसे बड़ी भूल है।

एक दोषहीन इच्छा का श्राप

एक ओष्ठ के घुमाव में कितना ही आकर्षण
एक बन्द मुट्ठी में कितना ही छितराव है
एक आँख में कितने ही रहस्य
जूतों में है अदम्य साहस
पीठ पर सूर्य से ज़्यादा धूप
मन में महासागर से ज़्यादा पानी
कितनी ही इच्छाएँ हैं तैरती इस पानी पर
एक इच्छा मेरे साथ चल देती है यहाँ वहाँ
एक इच्छा मुझे विदा कर पाने में सक्षम नहीं होने देती
एक इच्छा प्रतीक्षा कर रही है मेरा वर्षों से
एक इच्छा मौन है
मुझे लगता है जैसे यह इच्छाएँ ही मुझे पाल रही हैं बिन पुरुष के औरत की तरह
मेरे पास दो रास्ते हैं, एक पवित्र बात, तीन खाने की चीज़ें और एक मस्तिष्क
इतने में ही मुझे जीवनयापन करना है,
इतनी ही मेरी मियाद है
मैं हर सुबह इस एक इच्छा में एक मन्तर फूँकती हूँ
रात तक शान्त रहती है
रात भर मुझे अंक में भरे रहती है
सुबह उठते ही फिर एक मन्तर फूँक देती हूँ

और इस तरह मैं इस इच्छा को हर दिन
एक मृत्यु देती हूँ
मैं छल रही हूँ इस इच्छा को
यह इच्छा मुझसे अन्तहीन आस लगाये बैठी है
इस इच्छा ने मुझे एक सभ्य इन्सान बनाये रखा
इस इच्छा की छूत से मैं भयभीत हूँ
एक दोषहीन इच्छा का श्राप है मुझ पर।

दो मिनट का घात

एक पीड़ा प्रवेश करती है देह में
अकड़ जाती है देह, सुन्न हो जाते हैं तलवे
एक बाघ के तरह घात लगाये बैठा है अवसर
मुझे तोड़ने की योजनाएँ बना रहा है
एक चिड़िया जो मेरे लिए नहीं गाती, मुझे अक्सर ऐसा
ही लगता है कि मेरे लिए ही गा रही है
एक नन्हा बच्चा पतंग उड़ाता हुआ जितना प्रसन्न रहता है,
उतनी भर प्रसन्नता नहीं पास मेरे
मेरी प्रसन्नताएँ बँटी हुई हैं अनेक में
मेरी प्रसन्नता उस तितली के पास है जो मुझे देखते
ही उड़ जाती है
उस बलिष्ठ बाँह में है जो कभी शायद मुझ तक न पहुँचे
उस ताली में है जो मेरे बच्चों के लिए बजती रहेंगी
उस एक गड़बड़ी में है जो मैं चाहती हूँ कभी मैं करूँ, और डाँटने
पिता लौट आयें
एक पर्याप्त परिवर्तन में है, जिसे मैं कभी अपना नहीं सकती
उस भाषण में जो जिसे कहा जाये मात्र लोकहित के लिए ही, वोटों
के लिए न कहा जाये
उस अलाव में है जो जलता रहे बिछड़े हुए प्रेमियों के लिए

प्रतीत हो रहा है जैसे दो मिनट का मौन लिए पृथ्वी की हर चीज़
मुझे ऐसे घूर रही है जैसे एक भूखा घूरता है ईश्वर को

थक ऊबकर बैठ जाने पर एक हवा भी तृप्ति दे देती है
मिली हुई रोटी से ज़्यादा दे दी गयी रोटी अधिक
प्रसन्नता देती है
मैं गति से चलती हूँ पीछे छूट जाते हैं पुष्प
धीमे चलती हूँ तो कामनाएँ रास्ता रोकती हैं
मेरी प्रतिष्ठाएँ चलती हैं सर्वदा मुझसे आगे
पीछा सदा करते हैं हर जगह रहस्य मेरे

मंच पर दो शब्द बोलने का आग्रह
मृत्यु पर दो मिनट का मौन
दो मीठे बोल, अभी–अभी खिली दो कलियाँ,
बह चुके दो आँसू, आँखों के दो सुन्दर फूल
दो वक़्त की रोटी, दो जून की थकान,
दो पगडण्डियाँ उलझन में डालती हुई
दो फैली हुई बाँहें, प्रेम में पड़े दो हृदय
नहीं दे पाते यह सब एक सम्पूर्णता

दो मिनट का घात लगने पर
छिन जाता है जीवन, सरक जाती है मृत्यु
रुँध जाता है गला
दो मिनट के घात में उलझे दो लोग
देखते हैं एक ही स्वप्न।

आईना, आईना कहो कौन है सबसे सुन्दर

छलित हृदय क्या सबसे सुन्दर
या सबसे सुन्दर परमोचित ज्ञान
अन्तिम अभिलाषा ही सबसे सुन्दर
या सबसे सुन्दर है अचंचल साथ
आईना, आईना कहो कौन है सबसे सुन्दर?

प्रथम सुन्दर क्या धात्री होती
बीच का सुन्दर क्या पिता और पाठ
उसके बाद का सुन्दर है क्या प्रेम
कुश का छल्ला क्या अन्तिम सुन्दर
आईना, आईना कहो कौन है सबसे सुन्दर?

क्या रोही ही है सबसे सुन्दर
या वो है सुन्दर जो करता त्याग
देने वाले हाथ हैं सुन्दर
या सबसे सुन्दर मछली की आँख
आईना, आईना कहो कौन है सबसे सुन्दर?

कपड़े सीता क्या दर्जी है सुन्दर
या सुन्दर है नाविक जो ले जाये पार
चित्रकार क्या उससे भी सुन्दर
या सबसे सुन्दर है वीर जवान
आईना, आईना कहो कौन है सबसे सुन्दर?

देह है सुन्दर, प्राण है सुन्दर
चलते हाथ–पैर हैं सुन्दर
धक–धक करता हृदय है सुन्दर
या सबसे सुन्दर है आत्मसात
आईना, आईना कहो कौन है सबसे सुन्दर?

लिखने वाले लोग हैं सुन्दर
या वो हैं सुन्दर जो ले लेते जोग
मेहनत करता मनुष्य है सुन्दर
या सबसे सुन्दर है अध्यात्म योग
आईना, आईना कहो कौन है सबसे सुन्दर?

आईना, आईना कहो कौन है सबसे सुन्दर?
कौन है सबसे सुन्दर?

एक गूँज की प्रतीक्षा करो

अगर मेरे पास हों दो रौशनियाँ
तो मैं अवश्य ही उन्हें दो जगह दे दूँगी
पहली रौशनी दूँगी मैं उन बच्चों को दूँगी जिनके
माता–पिता नहीं
दूसरी रौशनी उनको जिन्हें उनके बच्चों
ने ठुकरा दिया है
मैं रहूँगी रौशनी के बग़ैर
मुझे अन्धकार का अन्ध सबसे शालीन लगता है
इसी शालीनता में मुझे कुछ प्रतीक्षाएँ मिलती हैं

प्रतीक्षा मुझे दौड़ाती है
थका देती है,
प्रतीक्षा ही मुझे अन्ततः सुला देती है
प्रतीक्षा कि एक गूँज गूँजती है मेरे अन्दर
मैं इस गूँज की प्रतीक्षा में संसार से ओझल हो रही हूँ
एक गूँज जो कँपा देती है मस्तिष्क को
उस गूँज में मैंने सीखा है कैसे प्रतीक्षा करते हुए
मैंने कला से बिंधी एक तीखी रौशनी देखी

बहुत दूर से आती है वह रौशनी
दूर से ही उसकी एक महीन रेखा दिखती है
ठहरती है मेरे पास कुछ समय

फिर दूर चली जाती है
इतनी दूर कि फिर दूरबीन से भी नहीं दिखती

मेरे प्रियजनो
एक गूँज की प्रतीक्षा करो निरन्तर
इस गूँज में खोजो अपनी शैली, अपना मार्ग
इस गूँज के शोर में छाँटो अपना मौन
यह मौन एक लता की तरह इस गूँज को ढाँप दे एक दिन
इससे पहले ही उछलो, गिरो, टूटो, कीको, बनो
एक गूँज की प्रतीक्षा करो निरन्तर

यह गूँज ही तुम्हारा ईश्वर हो
यह गूँज ही तुम्हारा भिक्षुक
इसी गूँज में है तुम्हारी मणि
इस मणि को हाथ बढ़ाकर नहीं, मन की शक्ति
से खींच लो
एक गूँज की प्रतीक्षा करो साथी
एक गूँज की प्रतीक्षा करो।

बिना अश्रु का रुदन

चूमने के लिए आगे बढ़ी गर्दन में
एक सन्देश है
सन्देश यह है कि जितनी बार ही चाहूँ तुम्हें मैं पा सकूँ
कोई हमें दो बार कैसे ही पा सकता है
कितने सन्तप्त हैं हम
कितने कुशल, कितने अघोर
एक चिहुँक जितनी है तृप्ति पा लेने के बाद की
एक शंखफूँक जितना ही प्रयास है
एक पटकथा जितनी ही है हमारी व्यथाएँ
हम उस चिड़ीमार के तरह हैं, जो जीवन पर घात लगाये बैठे हैं

ध्वनि और अश्रु का रुदन बहुत ही सरल है
सबसे जटिल है बिना अश्रु का रुदन
जब हम बाध्य हों कण्ठ को क़ाबू में करने के
कि एक भी कीक न निकले
और देह की समस्त शक्ति आँखों पर लगा दें
ताकि न निकले एक भी अश्रु
ख़ुद को एक लोप तक रोक पाना कितना
असहनीय है
प्रतिक्षण खुद को एक धारदार औज़ार गोदने जितना है बिना अश्रु
के रुदन
एक रुदन जिसमें वर्तमान गले तक कसा है

तो, हे ईश्वर
अवश्य ही दो दुःख हमें
अवश्य ही दो अनेक पीड़ाएँ
दे दो फाँकें, प्यास हमें दो
और भी जितने रक्तबहे घाव हों, दे दो हमें
साथ में यह वचन भी दो कि
कि कोई रोये, तो रोते समय न हो कोई विवशता,
न हो कोई असमर्थता
रो सके मनुष्य खुलकर
हो सके एक पुष्प से भी हल्का
भार लेकर नहीं उठ पाता पुनः कोई।

कौन रखेगा दुःख पर चन्दन

किस विधात्री के हाथों लिखा गया था भाग्य
किस नटेश्वर ने तय किया कि मृत्यु कब होगी
कौन सा दण्ड–विधान रचते रहे शनि
था कौनसा स्वर्ग वह
आख़िर जना किसने ईश्वर को
विजयोल्लास को ताकता है मन
कितनी बड़ी तादाद थी दुःखों की
बिछा दिये जाते तो आकाश तक पहुँच जाती सड़क
देश का राजा कहता है तीन चीजें नक्की करो
तुम्हारा नाम
तुम्हारी पहचान
तुम्हारा वोट
घर का राजा कहता है घर, बच्चों और पैसों की हो अच्छे से देखभाल
कार्यस्थल का राजा कहता है ठीक से काम करो
मन का राजा कुछ नहीं कहता
बाक़ी के तीनों राजाओं ने इसका गला काट दिया है
मन का राजा एक मृतक है
अर्धमूर्छि अवस्था में पड़ी है जिह्वा
आवाज़ उठाने के लिए एक वैद्य को लाना होगा जो जिलाये रखे
जिह्वा को
चीख़
एक दुर्घटना की तरह साँसें ले लीं गयी

कपड़े यह सोच कर पहने गये की किसी की आँखें शापित न हो
जूतों ने ख़ूब साथ निभाया
जो चुप्पियाँ साध लीं हमने
एकान्त में उन चुप्पियों ने मस्तक उठाकर धिक्कारा

पृथ्वी ऊपर धान खड़ा था, पृथ्वी नीचे पानी
मन के ऊपर दैत्य समय का, मन के नीचे प्रेमी
कौनसा देवदूत हाथों में आशीर्वाद लिए आयेगा तथास्तु कहने
कौनसी मोक्षदायिनी देवी हर लेगी विपत्तियाँ
किसी कुबेर को नहीं जानता मन
कौन आयेगा वृष्टि लेकर
कौन लायेगा सन्तुष्टि
कौन ही रखेगा दुःख पर चन्दन
कोई नहीं, कोई नहीं, कोई नहीं।

गलतकिये[1] की नायिका

सुन्दर पोशाक पहनी जब मैंने, किसी ने न कहा कि
दिख रही हूँ सुन्दर
लम्बे लाल बूट जो शिकागो से भेजे थे बहन ने, उन्हें पहनकर
क़द लम्बा दिखा जरा–सा, परन्तु मुड़–मुड़कर किसी ने न देखा
समन्दर के आगे खड़े होकर उतरवायी छवियाँ
केवड़ा मला गर्दन पर
एड़ियों में लगाई वैसलीन
काज़ल मिटने न दिया आँखों से
नाख़ून तराशे हर इतवार
किसी ने न कहा दिख रही हूँ सुन्दर

देर रात एक बेहद थका देने वाले दिन के बाद
बिख़रे बाल, सूखी आँखें, उतरा चेहरा और पीठ दर्द की कराह
थामें, मच्छरदानी के अन्दर जा लुढ़की थी बिस्तर पर जब
गलतकिया लिए
तब लग रही थी मैं सबसे सुन्दर
यह भी न पता चलता मुझे कि तब ही लग रही थी सबसे सुन्दर,
अगर झी[2] न कहती ऐसा आकर
दवाई देने आयी थी आधी रात
मुझसे ज़्यादा तो वह थकी लग रही थी
मुझे अर्धमूर्छित देख कहा उसने
गलतकिये की नायिका, खाओ दवाई और सो जाओ

यह तो प्रेमी को कहना था,
कोई सहेली भी कह सकती थी
पर कहा झी ने
उसने देखा था मुझे मेरे दुःखों में
ख़ुद को घसीटते हुए
रोते हुए, चीख़ते हुए, अन्धकार में आलोक खोजते हुए
लजाते हुए कभी न देखा उसने मुझे
साल, छह महीने में एक दफ़े कह ही देती है मुझे वह गलतकिये
की नायिका, जब देखती है मुझे थकान में लिपटे हुए गलतकिये
पर लुढ़के गाल लिए
मुझे गलतकिये की नायिका कहती हुई वह एक देवी लगती है।

1 गलतकिये–गालों के नीचे लगाये जाने वाला छोटा तकिया।
2 झी–नौकरानी।

आँख की टुकुर में टेकी

मैंने तुम्हें हर बार वैसे ही देखा, जैसे देख
रही होऊँ पहली बार
तुम्हारी अनुपस्थिति ने मुझे ख़ुद को
स्वीकार करना सिखाया है
मैं चाहती थी तुम्हारी अनुपस्थिति को
ख़ुद की अनुपस्थिति से भर देना
तुम समय से न आये मेरे जीवन में
तब भी अनुपस्थित रहे
जब आये तो कितनी देर से आये
आने के बाद भी अनुपस्थित हो
मैं किस तरह साध लूँ सन्तुलन
किस तरह सीखूँ एक पाखी से उड़कर
तुम तक पहुँचना
किस तरह ही जान सकूँगी नदी से
कल–कल कर पाने की एक भुरभुरी उम्मीद
अपने तकिये से तुम्हारा पुतला बनाया मैंनें
काग़ज़ पर तुम्हारा एक चित्र उकेरा
आँखें बन्द करने पर तुम्हें ठीक अपने सामने पाया
फिर भी हृदय तृप्त नहीं
हृदय को कोई पुतला, कोई चित्र, कोई कल्पना चाहिए ही नहीं
हृदय को चाहिए एक सम्पूर्ण तुम
कहाँ से ही मिल पाते तुम

ओहदे, पैसे, उम्र, ठाठ में तुम तो कितने ही ऊँचे थे मुझसे
यहाँ से गर्दन ऊपर करके तुम्हें देखती हूँ तो
बहुत छोटे नज़र आते हो तुम
सम्भवतः वहाँ से देखने पर मैं भी तुम्हें सूक्ष्म लगती होऊँगी
हम दोनों ही एक दूजे के लिए कितने सूक्ष्म
तुम मेरे लिए आकाश का तारा
मैं तुम्हारे लिए एक धूलकण

हे मनोहर, एक धूलकण होने का अर्थ समझते हो
धूलकण पर तो कितने ही लोगों के पाँव पड़ते हैं, हवा उड़ा देती है, चप्पलें दबा देती हैं, पीड़ा नहीं जान पाता कोई
और तारा, तारों को हम केवल देख सकते हैं,
निहार सकते हैं,उसके चमक की प्रशंसा कर सकते हैं
यही अन्तर है हममें

तुम्हारी अनुपस्थिति में मेरी लौ दमक रही है यहाँ
जितना जलती हूँ उतना ही दमकती हूँ
पृथ्वी जटिलताओं से नहीं, हमारी चूक से भरी हुई है
हम चूक जाते हैं यह समझने में कि
प्रेम अकेले भी किया जा सकता है
एकान्त में ही लिखी जाती है सबसे सुन्दर कविता
रोटी आधी बाँट देनी चाहिए
सोते वक़्त कितने भी अकेले हों हम, उठते वक़्त सारे स्वप्न समेत उठना चाहिए
एक चिकित्सक की तरह देखें हम सूर्य को
पाखियों से उड़ना नहीं, उनका हल्कापन ग्रहण करें
दुःखों को एकत्रित न करें, उन्हें लिखकर मुक्त करें

परन्तु हम यह सब नहीं कर पाते
हम बिंधे रहते हैं किसी की अनुपस्थिति में
एक हाथ से बिंधे रहते हैं, पीड़ाओं से बिंधे रहते हैं निरन्तर
एक इच्छा से आस लगाये रहते हैं
देह की इच्छाओं से बिंधे हैं
एक आँख की टुकुर में टेकी* लगाये रहते हैं
इस उम्मीद में कि कोई आयेगा और हमें तार देगा
कितना जटिल है यह
परन्तु एक सरल अन्य सभी जटिलताओं पर भारी है
एक सरल जीवन, एक सरल सोच, एक सरल सुन्दरता, एक सरल जाने देने की इच्छा
एक सरल अन्य सभी जटिलताओं पर भारी है।

---

*टेकी–हठ पकड़ना

हम खींचे जा रहे हैं

चीज़ें खींच रही हैं हमें
एक वृक्ष की सुन्दरता हमें खींच लेती है
खींच लेती है हमें एक सुनहरी मछली अपनी ओर
एक कलाकार हमें मीलों दूर से भी खींच लेता है
खींच लेती है हमें एक ख़ाली खिड़की
एक पत्र हमें जड़ समेत खींच लेता है
प्रेम–गीत खींच लेते हैं हमारा हृदय
आधी नींद में एक स्वप्न अनायास ही हमें खींच लेता है
खाने के मध्य एक हिचकी हमें खींचने की भरपूर क्षमता रखती है
एक दर्द हमें ऐसे खींचता है कि संसार की सुन्दरता से मन भटक
जाता है हमारा
तोतली बोलियाँ हमें तपाक से खींच लेती है
तार पर बैठा पाखी जोड़ा हमें प्रेमी तक खींच लाता है
अहरी पर बैठी औरत माँ तक खींच ले जाती है
अश्रु हमें मृत पिता की छवि तक खींच ले जाते हैं
दुनिया–भर के मोगरे हमें राग दरबारी तक खींच ले जाते हैं
एक चुप्पी हमें घसीटते हुए दूर तक खींचती है
एक कन्धा आख़िरकार खींच ही लेता है हमारा सिर
एक आँख हमारी दृश्यावलियाँ खींच लेती है
एक सम्भावना हमें दर–बदर तक खींचती है
एक हाँफ हमें साँसों तक वापस खींच लाता है

एक तुम ही न खींच सके मुझे अपनी ओर
कितने ही प्रपात, घटनाएँ, कविताएँ, पीड़ाएँ,
रहस्य, वलय, पुकार, तीव्र इच्छाएँ घटी हमारे मध्य
तब भी तुम खींच न सके मुझे अपनी ओर
तुम एकतरफ़ा करवट की तरह थे
मैं उस करवट के पीछे वाली दिशा बनी रही
न खींचे जाने की कोई पीड़ा तो नहीं मुझे
एक अभाव अवश्य है
इस अभाव में मेरे समस्त भाव अश्वेत मनुष्य की तरह तुम्हारे श्वेत लोगों वाले विदेश में जा पहुँचे हों जैसे एक चाकरी करने
इस चाकरी की खींच में मैं तुम्हारी ओर मुँह करके तन के खड़ी हूँ।

एक कम चर्चित कविता की तरह रहा मन मेरा

एक गुंजायमान की तरह दिन आया
अपने साथ एक लम्बी सूची लेकर
मुँदी हुई आँख में जितनी भी आस थी
आँख खुलते ही, भीतर मन में उतर गयी
आस एक शिशु की भाँति क़तई नहीं थी
भयभीत थी, छिपने के लिए एक सुरक्षित कोना ढूँढती रही
इस मन में जितनी भी चीज़ें हैं, उन्हें अगर बिछाया जाये, तो पृथ्वी
से भी बड़ी जगह घेर लेंगी
मन मंज़िल में तो रमा ही नहीं
मंज़िल तो नाक के सीध पर ही थी
नाक घुमाने पर सड़क किनारे रेस हारे
ख़रगोशों ने ध्यान अधिक भटकाया
जिन प्रेम–कविताओं ने हमें जूठा किया था
वही प्रेम–कविताएँ हमारा पाँचवाँ धाम है
समय यथार्थ की तरफ़ खींचता रहा मुझे
मैंने अभिनय में दस्यु सुन्दरी होना चुना
दिन जो अश्रु रखकर चला जाता है आँखों पर, रात उसे पोंछते
हुए कहती है, बहुत कम है ये, इसमें तृप्ति कहाँ
दिन को सक्षमता सिखाने के लिए माँगो और अश्रु माँगो
जब तक एक महासागर न बनें
तैरने का कोई सुख नहीं

मन एकान्त में क्या ही ख़ूब पका
छाँटने की कला भी मन ने एकान्त में ही सीखी
व्यवधान जैसे मन का सबसे प्रिय खिलौना
सबसे प्रिय पेय पदार्थ है पीड़ा
कितनी ही पीड़ा पी जाता है यह मन
तृप्त फिर भी नहीं होता
सुरक्षा माँगता नहीं, कौन ही भला बन्दूक तानेगा मन की तरफ़
एक जाँच में लगा है लगा
मुझे जाँच रहा है
मैं अस्वस्थ हूँ अभी, रूप–लावण्य में तो क़तई कोई आस नहीं,
एक रुग्ण चेहरा है मेरे पास
हाँ, कविताएँ हैं, कच्ची हैं अभी
मन कभी चषक भरे एक बड़े मटके जैसा इठलाता है,
कभी चींटियों के साथ चल देता है
कभी देवताओं को ढूँढने में समय व्यर्थ करता है
कभी महानायिका बनने की होड़ में ख़ुद को दुःख देता है
स्वप्न बहुत ऊँचे इस मन के परन्तु मन
मन तो रह गया एक कम चर्चित कविता की तरह।

आरा बी की देग

उनके बच्चे नहीं थे
मियाँ अल्लाह को प्यारे हो गये थे
तीन बिल्लियाँ, छः रंगीन चिड़ियाँ, दो बकरियाँ और चार मछलियों के साथ रहती थी आरा बी
अम्मी–अब्बू पाकिस्तान में थे
ससुरालीजन के नाम पर एक बूढ़ी ननद थी और उनके दो जवान बेटे
कभी–कभी मिलने आते थे आरा बी से
आधी किलो फल लाते थे
हमारे घर के पीछे वाली गली में रहती थीं आरा बी
कितना सीखा माँ ने पर आरा बी जैसी बिरयानी न बना सकी कभी
आरा बी के पास बड़ी–सी देग थी
जब उसमें बिरयानी पकती थी तो पूरे मोहल्ले में बँटती थी
कितने लोग जुड़ते थे तब
कितना कहते थे सब यही व्यापार कर लो, बेचो बिरयानी
इसमें कैसा सुख, तपाक से कहतीं आरा बी
बाँटने और बेचने का अन्तर समझाती थीं
बनाकर खिलाने में ही सुख मिलता उन्हें
माँ कहती थी इस देग में ही कोई जादू है
इसमें जब बिरयानी पकती है लाजवाब पकती है
एक दिन विद्यालय से लौटकर पता चला आरा बी नहीं रहीं
सबका दिल रखने वाली को दिल का दौरा पड़ा था

ननद के बेटों ने दफ़ना दिया
कोई उनकी बकरियाँ ले गया, कोई बिल्लियाँ, कोई चिड़ियाँ
माँ उनकी देग ले आयी
आरा बी के बाद माँ ने उसमें कभी बिरयानी नहीं पकायी
बाजरा भर के रख दिया करती थी माँ उसमें
रोज़ चिड़िओं को डालती दो मुट्ठी
सालों से अब तक ये सिलसिला जारी है
मायके में अभी भी रखी है आरा बी की देग
माँ अब नहीं
माँ के बाद भाभी ऐसा करती है
माँ आरा बी का नाम लेकर ऐसा करती थी
भाभी अब माँ का नाम लेकर ऐसा करती है।

और नंगेली ने काट दिये अपने स्तन

धूम्राच्छन्न समाज में नहीं थी एका
दृश्यावली में थी मात्र जातियाँ और अन्याय
कर आमदनी पर नहीं, कुछ जातियों पर केन्द्रित थे
अन्धत्व सरकार का गोत्र था

किसी किताब में स्थान नहीं मिला नंगेली को
जातिवाद की मिट्टी में सनी नंगेली और उस जैसी कई
स्त्रियों को स्तन ना ढँकने का आदेश था
यह स्तन–कर था
देह सरकारी नहीं, उनकी ख़ुद की थी
कर सरकार के थे, देह पर लगाये जाते थे

ये वो समय था जब जातियाँ पहनावे से पहचानी जाती थीं
अपने से ऊँची जाति के पुरुषों के सामने वे नहीं
ढँक सकती थी अपने स्तन
यह कितना त्रपित करने वाला समय था
कितना अतथ्य था कानून
एक स्त्री का गर्व है उसका चरित्र
नंगेली ठान चुकी थी वह ढाँक के रखेगी अपने स्तन
नहीं देगी स्तन–कर

इतिहास लिखने वाले पुरुषों के हाथों बलहीन रही स्त्रियाँ
नंगेली ने काट दिये अपने स्तन
बह गया स्तन का सारा लहू
नहीं रही नंगेली
जलती चिता में कूद गया उसका पति
नंगेली के इस त्याग से हटाया गया स्तन–कर
और चिरुकवन्दन बना पहला पुरुष सती

नंगेली ने स्तन के साथ औरतों पर हुए अत्याचार भी काट दिये
शक्तिस्वरूपा नंगेली को भूल गया समय
नंगेली की जीवनगाथा रक्षणीय है
भाषा के सबसे सुन्दर शब्दों से मैं नंगेली
को श्रद्धांजलि देती हूँ।

एक असभ्य स्वप्न ही सबसे सुन्दर

कोई वस्त्र, कोई गहना, कोई पुष्प न दो उपहार में
किसी देश, किसी उद्यान, किसी समन्दर, किसी गली तक ले जाकर क़तई न छोड़ो मुझे
खाने में मीठा दोगे तो क़तई मीठा न बोल सकूँगी
गद्दे के अन्दर जो रुई भरी है, उतनी हल्की मेरी देह क़तई नहीं हो पाती
मुझे जुगत सिखाओ
किन रंगों को जोड़कर बनाऊँ एक नया रंग
कविता से कैसे धीरता सीखूँ
शिशुओं–सी कोमलता कैसे पाऊँ
यह जो एक तमस बैठा है मन में, इसका आकार बढ़ता चला जा रहा है दिन–ब–दिन
मैं इसके आगे नन्ही हो रही हूँ
कोई घाव रिस कर ऐसे बहता है, जैसे बह जाती हैं अस्थियाँ, घाट पर हम बैठे रह जाते हैं
उस घाट की स्मृतियाँ अन्त तक हमारे लिए शोक–गीत गाती हैं
घावों को लगता है देह एक घटना है
त्रुटियाँ समझती है दिमाग़ से मतिमूढ़ कोई नहीं
वाद्ययन्त्र मान बैठे हैं कि ओष्ठ एक सबसे ख़ूबसूरत अंग है
संकेत उँगलियों को तानाशाह समझती हैं
पात ही नहीं, मनुष्य भी झरते हैं
पातों का समय है झरने का, मनुष्यों का नहीं

दैत्य जैसी आँखें लेकर हर सुबह उठ पाना एक बहुत बड़ी पीड़ा है
लोग रुदन का कारण पूछते हैं
कितने स्वप्न देखता है मनुष्य, कितने ही टूट जाते हैं
कुछ स्वप्नों को जैसे हम गोद ले लेते हैं
उन्हें शिशु की तरह पालते हैं
उन्हें कोई भी पीड़ा नहीं देना चाहते
उनसे आस लगा बैठते हैं
कितने स्वप्न रुला देते हैं हमें
कितने ही स्वप्न कितने धीर हैं, अपनी पूर्णता की प्रतीक्षा करते हैं
हमें कस देते हैं
सारे सत्य स्वप्न निराशा से भरे हुए हैं
एक असभ्य स्वप्न ही सबसे सुन्दर।

आँखों से सटी है पीड़ा की एक धुकधुकी

एक पुष्प की त्वचा से भी नरम है आँखों की त्वचा,
जिससे प्रतिपल सटी है पीड़ा की एक धुकधुकी
एक जोड़ी धूपजली आँखों को एक लम्बी बिछी छाँह की प्रतीक्षा है
एक जोड़ी भारान्वित आँखें भग्न वस्तु की तरह नकार दी गयी हैं
एक जोड़ी गोपनीय आँखें कभी नहीं बखानेंगी
अपना ध्वंस
एक जोड़ी चेष्टा की आँखों में अधीर समय एक शिशु की तरह
खेल रहा है
एक पुकार की आँखें पुकार रहीं हैं दसों दिशाओं को
एक सहर्ष स्वीकार की आँखें पृथ्वी का अनुसरण कर रही हैं
प्रियतमा की आँख में बैठा है एक अन्धकार का आकारहीन घुप्प
एक जोड़ी चिह्नहीन आँखें खोज रही हैं अपने लिए एक प्रतीकात्मक चिह्न
एक तम से भरी आँख में ईश्वर भी काला है,
धवलिमा भी काली, काली है पृथ्वी और आकाश
एक जोड़ी जड़ीभूत आँखें पेड़ की सबसे ऊपरी शाख़ पर जाकर
बैठ जाती है
एक जोड़ी तड़ित आँखें अपने लिए ढूँढ रही हैं
एक स्वस्तिकामना
एक बच्चे की आँख में आश्चर्य का एक बियाबान पलता है
पिता की आँखें रातों में गश्त लगाती हैं
एक जोड़ी नितान्त अकेली आँखें ढूँढ रही हैं अपने लिए एक स्पर्श
एक जोड़ी वाचाल आँखें अपने लिए ढूँढ रही हैं एक धीर–गम्भीर प्रेमी

एक जोड़ी रक्तिम आँखें अपने लिए कुछ नहीं ढूँढती
पीड़ा से भरी आँखें अपने लिएं लम्बी नींद ढूँढ रही हैं
आँखों के अन्दर रहस्य करवट लेते हैं
कितनी ही आँखें हैं इस पृथ्वी पर
जितने जीव, दूनी आँखें
फिर भी छिपा रह जाता है कुछ न कुछ आँखों से
आँखों तक नहीं पहुँच पा रहीं दृश्यावलियाँ,
नहीं पहुँच पा रहा प्रेम, नहीं पहुँच पा रहे मीठे स्वप्न
आँखों में एक नदी नहीं, खोयी हुई चीज़ों के शव बह रहे हैं
न देख पाने की रिक्तता में आँखें डर रही हैं
आँखें नहीं गुज़र पाती संसार के हर मोड़ से
आँखों को छूकर हर पीड़ा गुज़र जाती है
आँखें दे पा रही हैं हमें सान्त्वना
हम आँखों को अच्छे से एक ईमानदार अश्रु भी नहीं दे पा रहे
कितने ही काँटे बो दिये हमने एक दूसरे की आँखों में
आँखों ने हमें अपनी पृथ्वी का सबसे कोमल, ख़ूबसूरत पुष्प बनाये रखा।

दूर जाना पड़ता है

कब तक रहूँ एक पुष्प के समीप
एक नदी में पैर आख़िर कब तक ही डाले रहूँ
कब तक सुनूँ एक सुन्दर ध्वनि को
आख़िर कब तक छवियाँ उतारा करूँ
नहीं रह सकती इन सबके समीप देर तक
दूर जाना ही पड़ता है
एक पत्ता जो अभी–अभी गिरा है वृक्ष से
कब तक ही रख सकती हूँ उसे अपनी हथेली पर
अपने चेहरे पर कब तक ही रख सकती हूँ सुबह की नन्ही उजली
पीली किरण को
ज्वर का ताप भाता है मुझे
यह सुनकर लोग मूढ़ समझते
यह ताप ठहरती नहीं देह पर मेरे दिनों तक
एक प्रेम–गीत में दूर तक चलना चाहती हूँ
नहीं रह पाती इन सबके समीप
दूर जाना पड़ता है
एक अधेड़ उम्र औरत की नहीं चलती किसी के सामने
वह अब वाक़ई, वाक़ई कहकर समझौता कर लेती है
चाहती हूँ इस औरत के समीप बैठना और उससे कहना कि वाक़ई
कहने–भर से जीवन की कामनाएँ समाप्त नहीं होंगी
मैं इस औरत के समीप नहीं बैठ पाती
दूर जाना पड़ता है

मिले हुए उपहार से, मन मोहती एक हँसी से,
एक सुन्दर दिनारम्भ से, साँस में आयी एक दूसरी साँस से,
एक सनकी लेखक से, यूट्यूब पर गाते तलत से,
हईं कहते अमिताभ से आख़िर दूर जाना ही पड़ता है
मोगेम्बो ख़ुश नहीं हो पाता

समीपता हमें टुकड़ों में दी गयी है
इतने टुकड़ों में कि वह हमारी अधिकताओं के समक्ष वह टुकड़ा एक बहुत अल्प रह जाता है
हम एक टुकड़ा पाते हैं, और उसी टुकड़े से ख़ुद को ढाँपने का प्रयास करते हैं
सर तक लाते हैं तो पैर उघाड़े रह जाते
पैर को ढाँपते हैं तो खुली रह जाती कमर से ऊपर की देह
समीपता क्षण–भर के लिए आती है और धप्पा कहकर चली जाती है
हम फिर से छिपने के लिए कोई नयी जगह खोजते हैं
फिर मिलती है समीपता
फिर से दूर जाना ही पड़ जाता है
दूर जाना पड़ता है।

कैसे बहता होगा शव

मृत्यु के बाद कैसे बहता होगा शव
कहाँ ही चला जाता होगा
जहाँ जाना होता है उसे, वहाँ तक कैसे ही पहुँचता होगा
न चल सकने की शक्ति, न उड़ सकने की सक्षमता
अवश्य ही हवा ठेलती होगी
या स्वयं ही बहता जाता होगा
एक अदृश्य नीली नदी होगी कोई अवश्य ही
अवश्य ही उस नदी का अपना एक कल–कल होगा, बिना ध्वनि का एक कल–कल
शान्तचित्त, मौन, गम्भीर एक नीली नदी
उसमें बहकर जाता होगा शव किसी अनाम तारे तक

मेरे पास दो युक्तियाँ होती हैं हमेशा
एक मैं मौन रहूँ, दूसरा मैं मौन ही रहूँ
कहते–भर नहीं बनता कुछ मुझसे
कितना झकझोरा लोगों ने
अपशब्द भी कहे, यातनाएँ दी हृदय को दुःख दिया
पहली वाली युक्ति से दुःख काट लिया
दूसरी युक्ति से नींद पूरी की
मैं एक शव जितना शान्त होना पसन्द करती हूँ
लिखने में ही चीख़ सकती हूँ
जिह्वा से तो क़तई नहीं

एक शान्तचित्त नदी की मुझे भी प्रतीक्षा है
जो ठेलकर ले जाये मुझे किसी तारे तक
सम्भव है, मैं इस नदी में मिलकर इसी नदी का
अंश हो जाऊँ
मैं स्वयं एक नदी हो जाऊँ जो शवों को ले जाने के कार्य में
निपुण हो जाऊँ

जैसे एक मछली के कट जाने के बाद
एक दुर्घटना के हो जाने के बाद
पेट भर जाने के बाद
आँख लग जाने के बाद
विदा कर दिये जाने के बाद
ख़ाली काग़ज़ का टुकड़ा दिख जाने के बाद
मन–भर कर रो लेने के बाद
एक स्पर्श एहसास के बाद
मिलती है जितनी असीम शान्ति,
ऐसी ही शान्ति चाहिए मुझे अपने लिए
बस एक शान्त, और उसके बाद कोई शोर नहीं।

कुछ न पूछा हमने एक दूजे से

वो एक चित्रकार था
मुझे लिखना पसन्द रहा
हमें जोड़े रखा हमारी मातृभाषा और ग़ालिब ने
हमने एक दूजे से कुछ न पूछा
मैंने कभी उससे यह न पूछा कि कितना कमाता है वो
उसने मुझसे कभी न पूछा कि मेरी लम्बाई कितनी है
मैंने यह न पूछा कि जीवन में वह ख़ुश है क्या
उसने भी कभी यह न पूछा कि नींद आ जाती है या नहीं
न ही कभी हमने एक दूसरे से परिवार ख़ानदान के विषय में बात की
हाँ, अवश्य ही उसने मुझसे मेरा पसन्दीदा रंग पूछा
मैंने भी उससे पूछ लिया उसके पसन्दीदा गीत के विषय में

हमने मिलने की योजनाएँ कभी न बनायी
हाँ, पर अवश्य ही साथ में घण्टों सप्तऋषि को देखा
परिन्दों को देखते वक़्त ख़ूब फड़फड़ाये
बांग्ला फ़िल्मों पर चर्चाएँ की
एक दूजे के लिए गीत गाये
दाल, चावल, साग में ख़ुश रहे

और अब वह मेरे लिए कविता लिखता है
मैं उसके लिए चित्र बनाती हूँ
परन्तु यह एक दुःख का विषय है कि इन कविताओं और चित्रों को

कोई पहचान नहीं मिल पायेगी कभी
यह छिपी रह जायेंगी हमारे भीतर, बहुत गहरे तक मन में

यहाँ कोई भूचाल, सैलाब, जंग, हिंसा, हड़बड़ी क़तई नहीं
यहाँ एक सन्तुष्टि पसरी रहती है
न मिलने की जल्दी, न बिछड़ने का दुःख
सजने–सँवरने की कोई मजबूरी नहीं
जैसे हैं वैसे ही स्वीकार्य
यहाँ से हमें छूकर संसार गुज़र जाता है
हम ठगे भी नहीं महसूस करते
न मिल पाने का छटांक–भर मसोस नहीं
मिलने की उत्सुकता क़तई नहीं

यहाँ मात्र हम हैं
सभी तलवारों के चमक से दूर
दुःखों से दूर, सुखों से दूर
स्वप्न से बहुत आगे
न प्रेम, न दोस्ती, न फ़िक्र
यहाँ बस हम हैं
अपना–अपना मन लिए, मात्र हम, और कोई नहीं।
दादी की ये छोटी–सी प्रेम कथा मात्र मुझे ही पता है।

नीला नाक तक उठ आता है, सूखा रह जाता है मन

एक नीले का रौद्र आँखें तरेरता है
एक नीले की लपट से मैं निख़र रही हूँ
एक नीले की फूँक से नीला है आकाश
यह नीला मुझे निगल रहा है
यहाँ पीड़ा का एक नीला समुद्र नाक तक उठ आता है
मन फिर भी सूखा रह जाता है
एक नीली चिड़िया आस का उपहार लेकर आती है
फिर धन्यवाद सुनने के लिए ठहरती भी नहीं
एक नीली रेल बिछड़े हुए लोगों तक ले जाती है
फिर वापस घर तक नहीं लाती
एक नीले की छाया से विषैली हुई है मेरी चुप्पी
एक नीले का अप्रतिम रूप बरगलाती है तलवों को

नीला यहाँ नर्तन करता है
मुझे श्रोता समझता है, ताली न पीटने पर
रुष्ट हो जाता है
नीला एक सत्य है, जो गले तक कस आता है,
नींद को गरियाता है
सूर्य की किरणें भी बाक़ी सभी रंगों को विस्तृत कर देती है, नीले
को छोड़ देती है

मेरा नीला, मात्र मेरा ही नीला है
यह और किसी का नीला नहीं, औरों के नीले में
नीले की समझ होगी अवश्य ही
मेरा नीला बेसमझ है, इसमें नीला भी है, बैंगनी भी है, नारंगी भी
इसमें एक क़िस्म का नीलापन नहीं, अनेक क़िस्मों के नील हैं
नीला है शिव का कण्ठ, नीली है नीलकण्ठिनी,
नीला पुष्प बना है मेरा प्रिय पुष्प,
एक नील पड़ा है मन के पल्लव पर
यह नीला मुझे काट रहा
मैं इस नीले के प्रति नतमस्तक हूँ।

मेरे प्रेमी तुम्हारे विश्वास के लिए

कितना नभोगामी है यह विश्वास
कितनी चरम पर हैं इसकी इच्छाएँ
यह गले के पीप से निगलते नहीं बनता
नहीं बन पाता इसके निकास का रास्ता
इसका इतना आधिक्य है कि
बहुत अल्प लगती है मुझे मेरी आयु
निर्लज्ज है ये, अपना तन नहीं ढाँपता
जूड़े में लगे पुष्प की तरह शोभायमान
है तुम्हारे अहं पर
तुम्हारे ओष्ठ पर आने को प्रतिपल तत्पर

मैं किसी भी पर–पुरुष से बात करूँ,
तो यह बरगलाता देता है तुम्हारे मन को
अधीर बनाता है आँखों को
तान देता है देह को
विवेक की कमान खींच देता है

कहाँ से आया है यह सन्देह तुम्हारे मन में
यह शायद तुम्हारी अनुपस्थिति में आया है
या उठा चला आया है एक पराजय की राख से
सम्भवतः ये किसी स्वप्न से निकलकर आया हो
या आया हो मृत्यु की कामना से सना हुआ हाथ में जीवन जकड़े

यह इतना सुनियोजित है कि आँखें मीचे भी
चल सकता है,
रात्रि में नींद खुलने पर भी जगा हुआ मिलता है
एक छदाम की भी तृप्ति नहीं देता

मैं भयभीत हूँ
एक भय भभक रहा है हृदय में
मेरे प्रेमी, मैंने तुम्हें जगह दी है अपने पिता के स्थान पर
इस विश्वास को मात्र आँख की आंशिक टुकुर और अविवेक की
ठोक से न ठेलो
यहाँ मेरा पूरा जीवन है
मेरी आस्थाएँ, मेरी निजता, मेरा प्रेम है
मेरे प्रेमी, तुम्हारे विश्वास के लिए लो
मैं एक मृत्यु का एक मुखौटा लगा लेती हूँ अपने मन पर
तुम्हारे खोजने पर भी तुम्हें अब मेरा मन मृत मिलेगा
मैं अवश्य ही जीवित मिलूँ
मन मेरा मृत मिलेगा तुम्हें।

एक बंगालन के गोदने में क़ैद है महाब्रह्माण्ड

एक महापृथ्वी की सुन्दरता जमी हुई है बंगालन की कमर की धारियों में
फूस के पीले में छिपी हैं बंगालन की योजनाएँ
आकाश में छितरी हैं काँसे की झिर्रियों के साथ उसकी पीड़ाएँ
बरगद पर बैठी पाखियाँ तीस्ता की व्यथा सुनाती हैं
आम की लकड़ियाँ हवन कुण्ड को स्वर्ग मान बैठी हैं
खेत पतवार जैसे सुसज्जित बैठक हो,
नदियाँ जैसे कुँवारी कन्याओं की हथेलियों से निकला आशीर्वाद हो
बन बतख़ों के जोड़ों के साथ बंगालन की धवलिमा पृथ्वी पर चन्द्रिकोत्सव मनाती है
संध्या की नारंगी छटा में बंगालन पका रही है इलिश, गा रही है बाउल, पसीने में सिन्दूर नाक पर आ टपकता है
पोखर में नहाती है तो, चन्द्रमा से भी गहरे उतरती है पानी में
लाल साग, परवल, बतख़ के अण्डे, सहजन
एहतियात से रखती है सूती झोले में
चलती है तो सब्जी मण्डी आड़ में चलती है
नवयुवक थम जाते हैं

मन्दिर में माँ काली के समक्ष शंख फूँकती है,
देवी के कान में फूँक देती है दिनचर्या
रात में घिसती है पीतल के बासन
करती है प्रेम, प्रेम करना बासन घिसने जितना सरल नहीं
हाथ में त्रिशूल गुदा है, गोदने में क़ैद हैं शिव परिवार समेत
एक बंगालन के गोदने में क़ैद है महाब्रह्माण्ड।

मैं काग़ज़ पर सशरीर गिर पड़ी हूँ

मैं काग़ज़ पर सशरीर गिर पड़ी हूँ
ये मैं क्या देख रही हूँ
जहाँ थी कविताएँ
अब एक बुलाहट है
नमक छोड़ गयी हैं कविताएँ
जिनमें खारे की छींट है
यहाँ हाथ रखोगे तो
एक मीन की तरह बिछल उठेगा दुःख
इस मीन को अभी शान्त रहने दो
इस नमक में ही इश्क़ है
इस नमक से ही दिल–टूटन
कविता एक उत्सव थी जब हम साथ थे
कविता एक शोक–सभा जब हम बिछड़े
कविता चौरासी लाख जन्म लेगी
हमारी व्याख्या करते हुए
हम महज़ अपना जिस्म जलाते रहेंगे
हर कविता के अन्त में खड़ी है एक इच्छामृत्यु
उससे थोड़ा आगे एक ख़ाली काग़ज़,
उससे थोड़ा आगे एक नया जीवन
आओ, इस जीवन को एक कविता को सौंप देते हैं।

उदासी के देवता पेशेवर नहीं लगते

नीले आइरिस के फूल से भी नीले पड़े हमारे हृदय में एक पुष्प के
खिलने–भर के लिए एक काँटे जितनी जगह भी नहीं बची है अब
मेरा मुख सुन्दर नहीं परन्तु तलवे गुलाबी हैं
लेकिन तलवे कोई नहीं देखता
मुझे समझना है तो मेरी उदासियों को समझो
इन उदासियों पर एक भी फूल नहीं आयेगा उगने
स्वप्न सारे मेरे ही रक्त से लाल मिलेंगे
डाकख़ाने की बन्द खिड़की की तरह बन्द है मन
डाकख़ानों की बन्द खिड़कियाँ उदासी से भर देती हैं
पत्र लिखे नहीं जाते आजकल

ईश्वर हमें गहरे तक खोदता रहा
प्रचुर मात्रा में दुःख का खनिज बरामद करता है
ईश्वर को सृष्टि चलाने के लिए हमारे दुःखों की आवश्यकता थी
छुरी की धार से भी नुकीले अकेलेपन से हमारी स्मृतियाँ नहीं, हम
ही कट जाते हैं

पक्की सड़कों पर कच्चा मन लिए चल नहीं पा रहे हम
चित्रों पर नज़र आती है आँकी–बाँकी उदास रेखाएँ
बन्द आँखों में उठती हैं उदासियों की छोटी–छोटी लपटें

एक सनक से भरी उदासी दुत्कारती है जब–तब
पानी पर दिखायी देता है उदासी का पक्का रंग
संगीत तो पूरा ही नहीं होता जब तक उस पर उदासी की एक फार न रखी जाये
कुछ न कर पाने की एक उदास प्रयास में प्रतिभाएँ सारी छिप जाती हैं
उदासी का एक बिचका लटका मुँह गर्दन पर टिक नहीं पाता
इस्त्री किए हुए कपड़ों पर भी उदासी का एक कुचक दिख ही जाता है

एक सम्पूर्ण उदासी हमें रतजगे दे पाने में क़तई सक्षम नहीं
एक अप्रयोज्य उदासी हमारा पीछा नहीं छोड़ती
एक गरज़ से भरी उदासी स्मृतियों को अश्रुपूरित श्रद्धांजलि देती है
क़िस्तों में मिल रहीं हैं उदासियाँ हर रोज़
उदासी के देवता पेशेवर नहीं लगते।

जलपात्र में दिखते हैं ब्रह्मा के चौदह मनु

शिंजिका की ध्वनि से पालतू बिल्लियों की नींद टूट जाती है
एक दूधधुली कोमल इच्छा पेड़ के सबसे ऊपरी शाख़ पर बैठती है
ज़मीन, नीचे से तलवे जलाते हुए कहती है कि नदी अभी बादलों में सोयी पड़ी है
कोई नक्षत्र नहीं लाता कभी कोई पदोन्नति
मूर्खताएँ कभी–कभार आन्दोलन करवा देती हैं
सबसे सन्तुष्ट प्रार्थना किसी मन्दिर में नहीं कर सकी
सबसे बड़ा सामर्थ्य एक चुप से कई बार निकाला मैंने
सबसे मुलायम आराम, नींद से उठकर पीठ टिकाने में नहीं,
पीठ झुलसने के बाद अर्जित की
नाक की सीध में कोई मंज़िल नहीं होती
नाक की टेढ़ में कम से कम एक सुन्दर पुष्प दिख जाने पर यात्राएँ सरल हुई
त्रोटक देखते हुए प्रेयस की याद बिलबिलाती है
दण्डायमान साधु को देखकर अब मन में श्रद्धा क़तई नहीं उमड़ती
छोटे बच्चों की मंखी देखकर माँ–बाबा आँखों में उतर आते हैं
नागर बेलें छत तक जा पहुँची हैं
संक्रान्त पर पृथ्वी तक उतर आती हैं पतंगें
पकड़ से छूट जाती है धवलिमा
मुट्ठी में निशा फँसी रहती हैं
पहले शीत में गाल लाल हो उठते थे
अब तो ग्रीष्म में भी संध्या–वन्दन में मन कठोर खड़ा रहता है

एक अपराध शिशु की तरह बढ़ा चला जा रहा है
एक हिम्मत शाम की परछाई की तरह सिकुड़ रही है
मैं अभंग हूँ,
और इसे विस्तार देती है छोटे बच्चों की भंगिमाएँ
जलसों में मुझे झल्लाहट होती है
भीतर, मन के बहुत भीतर एक अभूतपूर्व उर्जा मिलती है
उन्माद बोलने में कभी नहीं मिला
सुनने के बाद चुनाव करने पर निखार पाया
उत्कट इच्छाओं को बड़ी ही मुश्किल से सँभाला
शुभ रात्रि के सन्देशों में शुभ जैसा कुछ भी नहीं दिखता
दवाई न खाने पर कुछ अजीब से लोग दिखते हैं
सूझ को बूझने का समय अब बचा नहीं
महत्वपूर्ण योजनाएँ एक जन्म दूर हैं अभी
आकाश चीलों का साम्राज्य लगता है
जलपात्र में दिखते हैं ब्रह्मा के चौदह मनु।

एक शिरोई लिली पुष्प बन जाऊँ

एक औषधि की घोंट है स्त्री

एक घोंट की कम हवा
साँसों को घूरती है
घूरती है आँखों का कम्पन, नसों को छेदती है
एक स्त्री घोंट रही है अपना रक्त
छीन रही है अपनी साँसें
बच्चों को दे रही है गेंद
ख़ुद टप्पे खा रही है
पुरुषों को खिला रही हैं फूली रोटी
ख़ुद नहीं फूल पा रही

घावों को भर जाने का वरदान है

नहीं तो स्त्रियों से कुरूप और बेसुरा कोई नहीं होता
दिखने वाले घाव भर देता है समय
फिर निखर आता है स्त्री का रूप
चीख़ें घुट जाती हैं दीवारों में
सुरहीन होने से बच जाती है स्त्री
करुणा से भर जाता होगा ईश्वर का मन
ईश्वर का मन हो जाता होगा एक स्त्री जैसा अवश्य
चेहरा भी एक स्त्री जैसा, हाथ, पैर, पेट, कमर, गर्दन सब स्त्री
जैसा हो आता होगा
पर एक स्त्री होकर कितनी देर ही रह पाता होगा ईश्वर
एक दहशत भरी घटना झेलने में असमर्थ होकर, धम्म से
गिर जाता होगा
अगले क्षण पुनः बन जाता होगा ईश्वर
स्त्री बनाना कितना महान कार्य है
स्त्री होना कितना असफल

जन्म लेने पर एक स्त्री ने ही साफ़ किया या तुम्हारा काला मल
एक स्त्री ने ही तुम्हें पोसा,
एक स्त्री ने ही तुम्हारे जनेऊ के लिए सब तैयारियाँ की, भोज
पकाया ब्राह्मणों के लिए
एक स्त्री ने ही बिस्तर बिछाया तुम्हारे लिए
एक स्त्री ने ही बिस्तर पर तुम्हें एक मर्द बनाया

एक स्त्री ने ही तुम्हें जीत के लिए किया तैयार
एक स्त्री ही तुम्हारे जीत में झण्डा बनकर लहरायी
जब गिरे तुम मूर्च्छा में, एक स्त्री ने ही तुम्हें बटोरा, खिलायी तुम्हें दवाई
तुम्हारे मरण पर एक स्त्री ही सबसे ज़्यादा रोयी
मरण के बाद एक स्त्री ही चढ़ाती रही तुम पर माला
बरसी के लिए पकाती है भोजन
हाथ जोड़कर करती है तुम्हारे लिए प्रार्थना

एक स्त्री अन्ततः चुप हो जाती है
उसकी चुप से कान सटाकर कुछ सुनने का प्रयास मत करना
उसके चुप में दुःखों की ध्वनियाँ हैं, ग्रहों के खिसकने की भारी
भरकम ध्वनियों से मिलती–जुलती ध्वनियाँ हैं
चीख़ें हैं, कीकें हैं, बादल नहीं हृदय फटने की ध्वनियाँ हैं
तुम बहरे हो सकते हो

जब लगे तुम्हें तुम्हारे वश में नहीं है कुछ
ठहरो एक स्त्री के समीप, उसकी उर्जा से शक्ति लो
ओज लो उसके चेहरे से
उसकी आँखों से सीखो खाइयाँ लाँघना
सीखो उसके हाथों से कैसे दुःखों को सिलकर अपने लिए छत
बनाते हैं

तुम प्रेमवश उसके पैरों को अपने हथेलियों पर रखकर
उन्हें चूमकर उसे देवी बना दो,
बना लो उसे अपनी रक्षिणी
एक औषधि की घोंट है स्त्री, उसे कण्ठघूँट से नहीं
अपने ज्ञान से पियो, एक–एक घूँट हर रोज़
एक स्त्री ही तुम्हें जिलाये रखेगी।

घाव और मनुष्य चकित नहीं करते

मैंने चित्रकारों की जीवनियाँ पढ़ी
उनके चित्रों को देखा
उनके रंगों जैसे ही थे मेरे जीवन के रंग
पर उनके रंग मुझे असाधारण लगते हैं
उनकी आँकी–बाँकी रेखाएँ मुझे चकित करती हैं
मैं उन चित्रों में स्थापित होना चाहती हूँ
चकित होने को मैं उन पंक्तियों पर भी चकित हो जाती हूँ
जिन्हें लिखने में बरसों लगे
और कहने में मिनट

ध्वस्त हुई चीज़ें मुझे ज़्यादा चकित करती हैं
मैं उनके टूटे टुकड़ों में एक कराह सुनती हूँ
इस कराह की वेदना मेरी माँ की वेदना से मिलती है
मेरी माँ की वेदना ने किसी को चकित नहीं किया
एक हरकारे की तरह माँ ने सुख बाँटे
हरकारे से याद आया कि पत्र लिखना क्यूँकर ही छोड़ा
लोगों ने
तकनीक की शक्ति इतनी बड़ी थी, कि पत्र अब जगह नहीं पाते
कहीं भी
झील किनारे बैठकर पत्र लिखती थी दादी, दूर बसे दादाजी को
दादी से मुझे कोलकाता याद आता है
कोलकाता याद आता है तो कुछ नहीं याद रहता
एक कोलकाता कम है मेरे लिए

हर बरस के लिए एक कोलकाता होने चाहिए
एक कोलकाता के बाद एक और कोलकाता
कोलकाता का इतिहास मुझे चकित करता है

इतिहास से मुझे याद आया कि पिता सिकन्दर बाग़ की एक भीषण
लड़ाई का ज़िक्र किया करते थे जिसमें रेसिडेंसी में फँसे
यूरोपियनों को बचाने के लिए कमांडर कोलिन कैंपबेल ने क्या किया था
यूरोपियन शब्द से याद आया कि बचपन में मुझे बहुत शौक़ उठा
यूरोप जाने का
अब वह शौक पता नहीं कहाँ जा बैठा है
बैठने से याद आया कि
एक चिड़ियाँ का एक जगह देर तक बैठना मुझे चकित करता है
चकित करती है उसकी चोंच, उसके पंख चकित करते हैं
पेड़ से गिरी पत्ती चकित करती है
हर मन्दिर से उठती एक जैसी गन्ध चकित करती है
अस्वीकृतियाँ, शिकायतें, एक लम्बा चुप, न्याय, एक बूढ़ा पेड़
चकित करते हैं
चकित करती हैं दिशाएँ, कभी–कभी सन्तरे के रंग जैसा होता
आकाश, विचारधाराएँ, खौलता पानी, बर्फ़, स्मृतियाँ, उलझे बाल
प्रतीक्षाएँ, तकिये, प्रतिक्रियाएँ, लापता लोग, चिट्ठियाँ, बिल्लियाँ,
अविश्वास और इतवार चकित करते हैं
एक छोटी कली चकित करती है
हाथ से बनी चीज़ें चकित करती हैं
अतीत और भविष्य की तैयारियाँ चकित करती हैं
पृथ्वी का कण–कण, बेल, बूटा, मेड़, सड़क, सूरज, संगीत, साइकिल,
कलम, काग़ज़, मय, गुम्बद, पुल, रेल, बसें, ध्वनियाँ चकित करती हैं
चकित से याद आया
घाव और मनुष्य चकित नहीं करते।

न मिले आलिंगन जब किसी को

एक आलिंगन से बना है संसार
एक आलिंगन की खेप है मनुष्य
एक आलिंगन से बिंधी है जीने की चेष्टाएँ
एक आलिंगन एक अति महत्वपूर्ण टटोल है, जिसकी उपस्थिति में
झड़ जाते हैं हम
एक आलिंगन में है एक टूटन
हम टूटते हैं, खिल–खिल के सौ दफ़े टूटते हैं,
इस तरह टूटते हैं कि हमारा एक लाखवाँ टुकड़ा
उठता है
और पुनः रचता है अपने लिए एक संसार
एक आलिंगन में एक स्वीकार है
एक स्वीकार कि हमें आगे भी कई बार टूटना है, उठना है, जुड़ना है
एक आलिंगन में एक उपहार है, जिसे पाकर हम घण्टों इठलाते हैं
एक आलिंगन की ताप में सिकता है मनुष्य,
शीत के छिद्र पर रख देता है अपने ओष्ठ
अपने लिए संगीत और नींद की व्यवस्था कर लेता है
परन्तु वे जिन्हें नहीं मिलता एक भी आलिंगन,
उनकी खुली आँखों के नभ में नहीं पाया जाता एक भी तारा
उनकी पृथ्वी के नीचे पानी घटता जाता है
मन की मीन बिछलती है, मर जाती है
एक ओझल आलिंगन की एक कीटिका दिमाग़ में रेंगती है
तलवे सुन्न कर देती है

तलवों पर थपकी रखने कोई समीप नहीं होता
कितनी ही रेलें गुज़र जाती हैं देह के ऊपर से, लाश उठाने कोई भी नहीं आता

एक आलिंगन न मिल पाने की उदासी में प्रयास और प्रार्थनाएँ अस्तित्वहीन हो जाते हैं
नींद में खुला हुआ मुँह आश्चर्य से नहीं भरता
एक आलिंगन न मिल पाने की रूठ में मनुष्य नहीं मना पाता किसी देव को
एक आलिंगन न मिल पाने की खीझ में अप्रयोज्य हो जाती हैं साँसें

न मिले जब आलिंगन किसी को
जीवन फिर से शुरू नहीं हो पाता
कोई यात्रा सम्भव नहीं हो पाती
एक ख़ाली पेटी की तरह हम बन्द समय के दीवान में रख दिये जाते हैं

न मिले जब आलिंगन किसी को
कुकड़कर धीरे–धीरे नीला पड़ जाता है।

हम बजते रहेंगे एक तुरही की तरह

मछली के मग़ज़ से बुद्धि निकाल कर खाते रहे हम,
फिर भी न समझ सके कि पीड़ाओं का अन्त किस छोर में छिपा है
पीड़ाओं को दूर करने के लिए पूस में हमनें अलाव, गोश्त और मदिरा का बन्दोबस्त किया
फिर भी शीत हमें निगलता रहा
ठण्डे प्रान्त में हम मेमनों के साथ ख़ूब भागे
पसीना आने पर अपने पुलोवर उतारे
जिन भेड़ों से ऊन लिया था हमने, उन्हीं के मेमनों ने ऊन उतरवा लिया
इससे हम क्या सीख लें, यह न समझने पर हम थक कर बैठ गये
डबलरोटी खाते रहे, पैरों से मैल उतारा,
मुँह पर वैसलीन लगाकर आगे बढ़े
यह पृथ्वी हमें आश्चर्य से भर रही थी
हम पृथ्वी को पीड़ा से
यही पीड़ाएँ हमें लौट–लौटकर मिलती रहीं
यह हमें किसी मछली ने नहीं सिखाया
हम कितनी बार घण्टों बैठकर लोगों और गाड़ियों को घूरते रहे,
घूर सक पाने जितनी गहरी आँखों में एक भी मनुष्य न ठहरा, न ठहरी एक भी गाड़ी
उदासी तनी रही अपनी दिन में
उदासी का चेहरा हूब–हू नये साल जैसा लगता है

नये साल में भी
किसी क्रान्ति की प्रतीक्षा में हाथ बाँधे बैठे रहेंगे
पकायेंगे चावल, सूघेंगे पुष्प, प्रार्थना में माँगेंगे धन
दूसरों के लिए बजायेंगे तालियाँ, ढूँढ़ेंगे विकल्प
एक ख़रगोश की तरह फिर से हार जायेंगे रेस
कल्पना करेंगे ज़्यादा
एक तुरही की तरह बजते रहेंगे हम।

विदा के बाद की ख़ाली जगह

पुतलियों में छिपे थे अश्रु
अश्रुओं पर किसी की पुतलियाँ नहीं थी
एक बाधा की परिधि में घूमते रहते हैं हम
मन बाधा की ओर नहीं, परिधि की ओर झुकता है
चुप होने को हम एक जगह के मामूलीपन पर भी चुप रहे
न चीख़ने को हम एक दूजे से बिछड़ते वक़्त भी न चीख़ पाये
विदा के बाद मुझे एक ख़ाली जगह मिली
यह जगह डरावनी थी, वीरान, यहाँ मेरा ही क्रंदन गूँज रहा था
यहाँ रात के बाद आती थी एक और रात
इस रात का कोई चन्द्र न था
मुझमें कोई हलचल न थी

केवल आँखें अपने हिस्से का काम कर रही थीं
ज़मीन पर गिर रहे थे अश्रु, सूख रहे थे, फिर उन पर गिर रहे थे नये अश्रु,
तिर रही थीं मेरी आँखों में पुराने दिनों की स्मृतियाँ
मुझे एक लम्बी नींद की आवश्यकता थी
मुझे सुख, संगीत, रौशनी नहीं, मुझे नींद की आवश्यकता थी
कोई आये और मुझे नींद के ईन्धन में झोंक दे
मैं जलती रहूँ वहाँ मृत शरीर की तरह
मेरे मस्तिष्क को एक तोड़ चाहिए
स्मृतियाँ कीड़ों की तरह खा रही हैं मुझे

मेरे निर्बाध, ठण्डे मुँह पर एक टुकड़े कपड़े की ओढ़ चाहिए
कोई ओर, कोई छोर, कोई मोड़ नहीं
मुझे पाँच मौसम बराबर नींद चाहिए
साल–भर लम्बा बुखार चाहिए
माथे पर रखी रहे कवलिका, देह तपती रहे
रात–दिन लम्बी अर्धमूर्छा चाहिए
मैं जगार से अब भयभीत रहती हूँ
सूरज अन्धा कर देता है मुझे
कविताएँ मुझे फलाँगकर जाने लगी हैं
मैं वह सब कुछ खो चुकी हूँ, जो मुझे जिलाये रखता था

यह विदा मेरे लिए हवाओं से साँसें लेने में मशक़्क़त क़तई नहीं करता
कण्ठ पानी से भी कट जाता है
छाती पर एक बोझ है, यह बोझ पृथ्वी से भी अधिक भारी है, मेरी दोनों हथेलियाँ लाचार हैं

इस जगह पर केवल चीख़ा जा सकता था
थक कर गिरा जा सकता था
यहाँ कोई मददगार नहीं था
देखे गये सभी स्वप्न यहाँ दुर्घटना में तब्दील हो रहे थे

इस ख़ाली जगह पर एक आरसी है
जिसमें देखने पर मेरा चेहरा मरभुक्खी जैसा दिखता है
आँखें ऐसी लगती हैं जैसे एक लम्बी छिपी बीमारी अब आँखों के रास्ते निकल रही हो
हाथ–पैर अपाहिज लगते हैं
ओष्ठ ऐसे लगते हैं जैसे असंख्य शिशु शव खाकर लौटे हों
विदा के बाद की ख़ाली जगह हमें हमारी ही मृत्यु परोसती है आस्ते–आस्ते।

कहवाघर के बाहर

उसकी आँखें देवता की ढाल है
इस ढाल के आगे समय की बरछी, भाले, तलवार सब ठहर जाते हैं
जहाँ–जहाँ जाती है उसकी आँख, सुरक्षा का एक ज्वार देखा जा सकता है
अनाज की बालियाँ, पेड़ सारे और पाखियाँ उसके लिए प्रार्थना–गीत गाते हैं
यही उसका चरित्र है, यही उसकी महानतम गाथा
यह सब किसी एक पुरुष की महिमा है,
जिसे कोई एक लड़की गुनगुना रही है

क्या देखती है एक लड़कियाँ अपने होने वाले वर में
यही सब अथवा और भी कुछ विशेषताएँ जैसे कमलिनियों को खिलाने वाला जल सरीखा हो उसका वर
या ऐसा हो जैसे किसानों के हक़ में एक घोषणापत्र, जो काग़ज़ होने के बावजूद भी शौर्य में फड़फड़ाये
या एक लोकतन्त्र की तरह हो नियम से लैस
बहुत अनुमान लगाती है
ऐसा हो, वैसा हो, चाँद सरीखा सुन्दर हो
महाभाष्य, मृदुल, मनमोही

कहवाघर के बाहर खड़ी एक लड़की देखती है
एक लड़के को और देखती है उसका गठीला शरीर

आकर्षित होती है, मोहित होती है
पर चुप रहेगी, कैसे कह देगी कि वह उसे पसन्द है
रोज़ देखती है उसे, कहवाघर के बाहर फूलों के गुच्छे
बाँधता वह लड़का अपनी दुकान का सबसे सुन्दर पुष्प
लगता है
उस पर पुष्पों के पूर्वजों का आशीर्वाद है

वह छिप के देखती है उस लड़के को रोज़
देखती है, अपनी आँखों में भरती हैं
कहवाघर के बाहर की दीवार की खिड़की की आड़ मे
बस देखती, इससे अधिक कुछ नहीं कर पाती
इससे अधिक उसके हाथ में नहीं
मन में है बहुत कुछ, अजन्मे संवाद की पंक्तियाँ है,
एक पेड़ के नीचे की छाँव है जहाँ वे दोनों बैठे हैं,
एक मेड़ है, जिसके किनारे दोनों चल रहे हैं
एक छाता है जिसमें आधे सूखे, आधे गीले वे दोनों सन्तुष्ट हैं
यह सब कितना कांक्षनीय है
परन्तु यह सब लड़की के मन की चाहनाएँ हैं केवल,
चाहनाएँ मन में रह जाती हैं,

वह नहीं पहुँचेगी उस तक, क़तई नहीं खोलेगी अपना मन
मन खोल देने से चरित्र खुल जाता है लड़कियों का
चरित्र खुल जाने से खुल जाती है लड़कियाँ
खुली हुई लड़कियाँ पसन्द नहीं की जाती
कसी हुई लड़कियाँ ही चरित्रवान समझी जाती हैं

लड़के ही खोज सकते हैं अपने लिए लड़कियाँ
पुरखों की शेष इच्छा है ये
लड़कियाँ किन्हें कहें अपना पूर्वज

लड़कियों की देह के अन्दर छलनियाँ हैं, देह बाहर चाबुक
मनौदौर्बल्य किस हद तक मज़बूत हो सकता है
यह देखा जा सकता है स्त्रियों के अन्दर

एक लड़की का मन ताबूत है, जिसमें उसकी मृत इच्छाएँ सोती हैं
कहवाघर के बाहर खड़ी वह लड़की अपने ताबूत के लिए लाशें
बढ़ा रही है।

बेशर्त सहो

तुम्हारे जन्म से पहले से ही सहनशीलता बैठी है
तुम्हारी जगह पर
इसलिए सहो

सहो क्योंकि हर सूई की नोक तुम्हें अब चुभने में असमर्थ है
सहो क्योंकि अँधेरों में जागने और यात्रा करने के अब तुम आदी हो चुके हो
इसलिए भी सहना पड़ेगा कि औरतों के पास नुकीले औज़ार नहीं
कुछ न बदल पाने की टीस सहो
शिशुओं को मरते देख कुछ न कर पाने की दहक सहो
जिन चित्रों को नहीं समझ सके, उनको बनाने वाले चित्रकारों का अभाव सहो

सहो क्योंकि समयबद्धता जैसी किसी चीज़ को अब हर लिया गया है
अब हर कोई यहाँ ज्ञानी है, हर कोई स्वामी,
इस स्वामित्व को सहो
इसलिए भी सह लो क्योंकि दुःखों को लौट–लौट करआने की आदत है
मन में जो कुछ भी बचा हुआ है, उसे भी सहते रहो
दिमाग़ का नुक़्ता सहो, दिल की चीनी सहो
कबूतर की बीट सहो, मालिक की लीट सहो,

निष्ठाहीनता की छींट सहो
छिदने की पीड़ा सहो, सहो, सहते रहो
तीव्र ज्वर में स्मृतियाँ सहो
उम्मीदों का टूटना हर दिन सहो
नाना प्रकार की ध्वनियाँ सहो
सह लो प्रतीक्षा की निराशाएँ
दबाव सहो, बन्दिश सहो, जीवन की तोड़ सहो
सहते रहो समय की सनक,
लूट सहो, पाट सहो, लोगों की काँय काँय सहो
चिल्ल सहो, पौं सहो, ख़ाली बर्तन की टन्न सहो
घन की ग़रज़ में किसी को गले न लगा पाने की खीझ सहो
शर्म सहो, शर्म सह लेना एक उत्तम प्रकार की खीझ है
इस खीझ का एक एक कण सहो
धक्के, धोखे, धाँधलियाँ सहो
सह लो अपने राजा की शर्तें, मन्त्रियों के ठाठ सहो
दिल–टूटन सहो, सह लो मुँह–फेरन

सहना इसलिए भी ज़रूरी है क्योंकि हमारी आत्मा का एक हिस्सा
दूसरों के लिए काम करता है
सूरज आँखों से सधता नहीं
रंग देखकर हमें कोई याद आता है
बच्चों को देखकर हम मुस्कुरा देते हैं
छवियों को हम शिशु की तरह पोसते हैं
पहल करे कौन का मुद्दा पृथ्वी से भी पुराना है
इसलिए
बेशर्त सहो।

कितने पदार्थों से बना है स्त्री का मन

कई तरह की चीज़ें जोडीं ईश्वर ने
सम्भवतः ही लिया होगा पृथ्वी का सबसे ठोस पदार्थ, एक बीज, एक तरुण पौधा, सूर्य का ताप, तनिक इत्र, हार मानने की मुकुलित कला, पहाड़ भर सन्ताप, मोरियाँ, दोपहर की अमावस्याएँ, क्रंदन की ध्वनि, शीत का काँप, थोड़ी–सी समिधा
इन्हीं सब के मिश्रण से बना होगा अवश्य ही स्त्री का मन
या और भी कुछ पदार्थ मिलाया होगा ईश्वर ने,
ले लिया होगा अबीर का लाल
मिट्टी की प्रजनन शक्ति, एक कील के गड़ जाने की मज़बूती, प्रत्येक बार सहने की मलेच्छता, बन्द आँखों से सन्तुष्टि पा लेने –भर की सन्तुष्टि, नदी का गीलापन
यह सब भी अवश्य ही लिया होगा
और अवश्य ही अपनी महान आँख की पुतली का अंश लिया होगा
जो देख सके अपने पुरुष को हर दूसरी स्त्री को देखते हुए
ख़ूब सारा सन्देह भी लिया होगा, ताकि मुँजी रहे इसी में स्त्री, भटक सके सरलता से
सोचा होगा ईश्वर ने जितना भीरु बनाऊँगा स्त्री का मन उतनी ही दूर तक जा सकेगी ये दुनिया
आकाश से कुछ नहीं लिया
आकाश नहीं मिलाया गया, आकाश मिलाया जाता बाक़ी पदार्थों में
तो निश्चित ही आकाश बन जाती स्त्री
आकाश उसकी आँखो में रखा गया

मन में रखा गया त्राहिमाम
बावजूद इसके भी हार गया ईश्वर
जो बना, वह था मन से भी परे, अलभ्य
अचम्भित हुआ ईश्वर, मुस्कुराया
ख़ुद को दिया थोड़ा आराम
कितना धीरोदात्त है ईश्वर
कितना ही मज़बूत एक स्त्री का मन

थोड़ी ऊब भी लेते ईश्वर, थोड़ी धमक, थोड़ा हठ, ले लेते एक
जोड़ी लाल आँखें, चीख़ लेने का साहस
थोड़े से पापिष्ठ जतन, भूल पाने वाला मनस्तल
लेना चाहिए था यह सब
कौन उँगली उठाये ईश्वर पर।

आलो

समुद्र एक बिस्तर की तरह आया था, बहा ले गया मुझे
तैरना न आने पर भी ऊपर ही रही है दिनारम्भ तक
लड़की अगर कला है और लड़का व्यवसाय
तो निश्चित ही लड़की की मुसीबतें बढ़ जाती हैं
जैसे किसी बड़ी बीमारी के ऊपर पैर रखकर मृत्यु बढ़ आये
एक आलाप की तरह आयी उबासी
बाँस की तरह तन गये हाथ, हथेलियों को मलकर निकाली गरमाहट और रख दी आँखों के ऊपर
घन की तरह तेज़ गरजा मन एक हौसला उठाये हुए कि आज तो दुनिया लूट लेनी है, निशा तक आते–आते चार बूँद बरसा और अन्ततः फट गया
छाती काँपने पर कौन हाथ रखता
छातियाँ छककर कहाँ रह पाती हैं
दबी, छुपी, कुचली, यह सब छातियों को दिये गये आकार हैं
बेतरह भर ली गयी छातियों में क्षमा, याचनाएँ
टीवी पर लड़की कह रही थी दहेज के मुआमले में रोज़ इक्कीस लड़कियाँ मरती हैं
मन टूटने के मुआमले में कितनी मरती हैं, यह कहने टीवी पर कोई एंकर नहीं आती
टूटकर छितरने पर कोई नहीं आता
एक हाथ में दियासलाई, एक हाथ में दवाई लिए जीवन और भी सरल हो सकता था

जब प्रेम अपना दरवाज़ा तुम्हारे मुँह पर खटाक से मारे, खटाक से गिर जाओ तुम, और फ़टाक से ख़ुद को झाड़ते हुए खड़े हो जाओ जैसे कुछ हुआ ही नहीं
तुम्हारे मरण के दो कारण हो सकते हैं
पहला प्रेम, दूसरा दुबारा किया हुआ प्रेम
प्रेम तुम्हें अपने ढाँचे में ढाल के पी लेगा
आत्मालाप में कहो ख़ुद से, "पता है आगे अंगारे हैं, पर मुझे पानी को देखते हुए बढ़ना है"
मेरी कविता की नायिका वह स्त्री है जिसके जीवन में आता है एक पर–पुरुष
वह उस पर पुरुष में ऐसे विश्वास रख देती है जैसे माँए अपने शिशु की मंखी में रख देती हैं अपना विश्वास
जब मैं एक मासूम बच्ची थी, मैंने विश्वास की नहीं मुस्कुराहटों की कामना की
तब नींद की कामना नहीं करनी पड़ती थी
नींद सबसे सुन्दर चीज़ है, अधमरा करके जिलाती है
आईना हाजतमन्द है, जितना रीझोगे इसे देखकर, उतनी अमीरियत पायेगा

बहुत एहतियात से रखा ईश्वर ने एकान्त हमारे जीवन में
जैसे रखा जाता है शिशु को पालने में
एकान्त सोये तो ईश्वर दूर
जागे, कीके, चीख़े, तो सम्भव है ईश्वर निकट आये
अन्त किस पल अंक में ले,
यह सोचकर केवल अन्त के विषय में ही सोचा
एकान्त के आलो में अन्त अथवा अन्धकार नहीं ढूँढा
ढूँढा सिर्फ़ तुम्हें।

सितारा देवी के लिए

सोलहवें साल में रोबि ठाकुर से
नृत्य–सम्राज्ञी की उपाधि मिलना
अच्छन महाराज और शम्भू महाराज के सानिध्य में पलना, बढ़ना
कोई छोटी बात न थी

धन्नो की आँखें
ये बड़ी आँखें–आँखें थी, उँगलियों की मुद्राएँ जैसे नटेश्वर नृत्य में लीन हों
भवें ऐसी जो समुद्र को दो हिस्सों में बाँट दे
एड़ियाँ उठे तो उठ–उठ लहके पृथ्वी
धन्नो बहुत बड़ी धनभागी थी

स्त्रियाँ ऐसे ही कहाँ कुछ पा लेती हैं
कितना श्रम, कितनी साधना, कितना त्याग,
कितना ही मनोबल गिराने के बाद कुछ मन का कर पाती हैं
आठ साल की उम्र में विवाह और विद्यालय
जाने के हठ से विवाह टूटना
पढ़ने की ज़िद्द ने पहुँचा दिया कामछगढ़
नृत्य ने दिलाई प्रसिद्धि
कपाल ऐसा कि पढ़ाई छोड़कर बम्बई बसना पड़ा
समाज के बहिष्कार ने भी नहीं तोड़े धन्नो के हौसले
रूढ़ी तोड़ना और शिख़र तक पहुँच पाना एक कड़ी साधना है

जहाँगीर सभागार में जीवन की पहली सार्वजनिक प्रस्तुति के बाद न थमी धन्नो
मंच पर जब बल खाती थीं वे, दर्शक ऐसे
मन्त्रमुग्ध होते थे जैसे कौर्वकी को देखकर अशोक थम गये थे
ये वो समय था जब रात रात–भर महफ़िलें होती थीं
दो अथवा चार दशक नहीं, साठ से ज़्यादा
दशकों तक वे सितारे की तरह चमकी, अपनी खुद की रौशनी में
पिता का दिया हुआ नाम, नाम मात्र नहीं, एक आशीर्वाद था

नृत्य की ऐसी साधना कि नृत्य ही ईश, नृत्य ही भोज, नृत्य ही नींद, नृत्य ही नीर
नृत्य ही दिनकर, नृत्य समुद्र, नृत्य ही पृथ्वी,
नृत्य ही ऐसे पीर कि एक दिन मृत्यु भी आती है नृत्य करती हुई
और हर लेती है हमसे सितारा देवी को।

मृत्यु की छाया तले मूर्छित है सभी औषधियाँ

देखो
प्रचण्ड सुन्दरता का रक़ चढ़ा एक ओज है मृत्यु के चेहरे पर
देखो मृत्यु एक न्यायप्रिय शासिका की तरह अपनी गर्दन ऊपर
करके ताकती है हमें अपने असंख्य नेत्रों से
मृत्यु की छाया तले मूर्च्छित हैं सभी औषधियाँ
कौतुक से मेरी आँखें झपक रही हैं
मुझे मृत्यु से रूपसी कोई नहीं दिखती
परन्तु मैं मृत्यु की कामना अभी कैसे करूँ
मुझ पर कितने भार है अभी
उन्हें उतारूँ, सही जगह पर रखूँ, देख लूँ उन्हें स्थापित होते हुए

मृत्यु एक सुन्दर अधरगामिनी की तरह अवश्य ही इतनी शीतल
होगी कि हमारी देह की तापें गल जाती होंगी
एक भाषा की तरह मृत्यु हमारा साथ कभी नहीं छोड़ती
मृत्यु का एक अदृश्य झीना तार हमारे गले से बँधा रहता है
मृत्यु असंख्य अस्वीकृतियों से बनी है,
उसे जीवन स्वीकार्य नहीं
क्षमा–याचनाएँ, पुण्य, सद्कर्म, वेद कुछ भी स्वीकार्य नहीं
कोई अष्टलक्ष्मी लुभा नहीं पाती
मृत्यु गूँगी है, कहती नहीं कुछ
नहीं छोड़ती कोई अधोबिन्दु
जीवन को तिरस्कृत करती हुई मृत्यु ऐसे निकल

जाती है जैसे निकल जाता है कोई धनाढ्य किसी ग़रीब को तिरस्कृत करके

निश्चित ही मृत्यु एक स्त्री की तरह मनोहारिणी है, परिपक्व है
निरन्तर अपने कार्य में व्यस्त
जितने मनुष्य, उतनी घृणाओं को हाथों में उठाये कर्तव्यबद्ध है मृत्यु
कितनी थकान से भरी हुई होगी मृत्यु अवश्य ही
अलुब्धा है मृत्यु
मैं मृत्यु के प्रति एक अजल उपवास रखना चाहती हूँ
मृत्यु को घृणा की नहीं, शुभाशीष की आवश्यकता है
नहीं होती मृत्यु तो शिशु कैसे पाते हम
कैसे ही होता नवसंचार

एक दिन मृत्यु आयेगी और ले जायेगी मुझे
मुझे काँपने तक का भी समय नहीं चाहिए
देह मेरी रह जायेगी जैसे एक जलपात्र
जैसे पक्षियों के जल पीकर उड़ जाने के उपरान्त
ख़ाली रह जाता है जलपात्र।

हमें अजेयता नहीं तृप्ति चाहिए

कविता तो तुम्हारी आँखों से भी शुरू की जा सकती थी
परन्तु मैंने तुम्हारा मन चुना
जिस पर मैं लिख सकती हूँ सबसे
कोमल कविता
मैं सब कुछ खोकर भी अन्त तक बचा सकती हूँ तुम्हारा मन
जैसे अन्त से पहले मृतक के पास होती है एक
जीविकार्थ आस
मेरे जाने के बाद मेरी कविता में रह जायेगा तुम्हारा मन
तुम्हारा कोमल, निश्छल, दुर्लभ मन

एक बहुत बड़े प्रार्थना प्रांगण में गूँजते ईश्वर जैसे माता–पिता,
बन्धु–सखा सब होते हैं
उसी तरह मात्र एक तुम्हारा मन लिए मैं पूरे संसार में एक साम्राज्य
लेकर चलती हूँ
किसी निर्जन वनपथ पर जैसे असंख्य कीट काट देते हैं अपना
पूरा जीवन बिना किसी पुष्प के
मैं हर बार चूके बिना एक नवजात शिशु की तरह उठाती हूँ तुम्हारा
मन, देखती हूँ संसार को,
एक साँस खिंच जाती है
संसार जितना सुन्दर है, उतना असुन्दर भी
मैं इस संसार में लीन होने से बचती हूँ
यहाँ लीन होते ही छूट जायेगा तुम्हारा मन मुझसे

मैं कल्पना करती हूँ कि मेरी आँखों का रंग हर दिन तुम्हारी पोशाक के रंग में परिवर्तित हो जाये
मैं अपने मुख का अजनबीपन जो लोगों के सामने लेकर घूमती हूँ,
अब मुझे इस कार्य से छुटकारा चाहिए
मुझे तुम्हारे मन में दीप्तिमान रहना है अब
यही मेरा आँगन है, यही मेरी मृतशैया
आओ,
मेरा एक नामकरण समारोह रखो
नया नाम दो मुझे, जो तुम्हारे नाम से मेल खाता हो
दो एक नया जीवन मुझे, जिसमें तुम्हारे मन की देवी बन के जन्मूँ
कभी न हो मेरी मृत्यु, अदृश्य रहूँ सबसे
मैं अपनी रक्तिम आभा लिए तुमपर छिड़कूँ अपना लाल
तुम अपने नीला खींचकर मेरे लिए आकाश बनाना
मैं अपना मन लिए तुम्हारे मन में रह जाऊँ
ऋतु हमारा शृंगार करते रहे
दिशाएँ हमारा विवेक सँवारते रहें
नदियाँ नमी बनाये रखें हमारी देह में
भाषाएँ हमें एक प्रवाहमयी शैली सिखाती रहे
हमें अजेयता नहीं
तृप्ति चाहिए।

ऑपरेशन टेबल पर

ऑपरेशन टेबल पर एनेस्थीसिया दिये जाने के बाद नाक तक उठ
आयी थी एक गन्ध
एक अदृश्य नदी के ऊपर बह रही थी मेरी देह
नदी की देवी आयी थी तीन कुल्हाड़ियाँ लेकर
असंख्य मीन एक प्रेमपत्र लायी थीं

यहाँ रो सकने के लिए बहुत बड़ी जगह थी
यहाँ कोई राजा नहीं था जो कहता
वोट देना
यहाँ मेरा सबसे प्रिय स्वप्न ख़ाली काग़ज़ों का
प्रतिनिधित्व करने में लगा था
बन्द आँखों के इस पार की दुनिया सुन्दर थी
कोई दबाव नहीं, कोई बोझ नहीं

यहाँ कोई भुरभुरी मिट्टी नहीं थी
पर किसानों के पास कुदाल थे, नारे नहीं
धूप नहीं थी, पर बाल सुखाने आराम से बैठी थीं औरतें
अप्रयोज्य चीज़ों की एक दुनिया थी
यहाँ बिना आहत हुए उठा जा सकता था

यहाँ आकर पता चला कि हमारे जीवन के सभी तालों की कुछ
चाबियाँ

तो हमारे शत्रुओं के पास होती हैं
दोस्तों के पास तो कुण्डियाँ भी नहीं होतीं
होते हैं खुले दरवाज़े
कुछ दोस्त हमारे जितने ही पापी होते हैं
उनके पास तो दरवाज़ें भी नहीं होते,
होती हैं मात्र खिड़कियाँ
उन खिड़कियों से हम आकाश को खींचकर अपने कमरे के फ़र्श पर लिटा दिया करते हैं

ऑपरेशन टेबल पर आयी नींद का दूसरा करवट प्रेमी के कन्धे पर खुलता है
तीसरे करवट में छाती की काँप से निकलते हैं एक देव, मेरा माथा चूमते हुए कहते हैं
जाओ मेरी बच्ची, अब वापस अपने संसार में जाओ।

उधर तुम्हारी प्रेमिका रो रही है

तुम अख़बार को जैसे पीते हो
काश! तुम पी पाते अपनी प्रेयसी को
तुमने अख़बारों को प्रेयसी की तरह पकड़ा हाथ से, टिकाया अपनी गोदी पर
प्रेयसियों को रद्दी अखबार की तरह रख छोड़ा
इधर तुम पी रहे हो शराब
उधर तुम्हारी प्रेमिका रो रही है
कितना धँस गया है तुम्हारा तकिया
तुम्हारी प्रेमिका की छाती अभी भी उठी हुई है
जितनी देर में तुमने दाढ़ी बनायी, अपनी गाड़ी साफ़ की, राजनीति पर चर्चा की, उससे आधा समय भी तुमने न दिया प्रेमिका को
इधर तुम गुनगुनाते रहे "मेरे सपनों की रानी कब आयेगी तू कब आयेगी तू"
उधर तुम्हारी प्रेमिका रो रही है

अन्ततः सब कुछ ठीक हो सके
इस प्रयत्न में लगे हो तुम
उधर तुम्हारी प्रेमिका रो रही है
जब तक एक साँस से होकर तुम
दूसरी साँस तक पहुँचते हो
तुम्हारी प्रेमिका तुम्हारी चार साँसों के लिए
प्रार्थना कर चुकी होती है

तुम घूम रहे हो दुनिया, लगा रहे हो इत्र
देख रहे हो दूसरी स्त्रियों को
उधर तुम्हारी प्रेमिका रो रही है
जब तक तुम दोस्तों से पूछते हो हालचाल,
मिलाते हो हाथ, पीते हो चाय
तुम्हारी प्रेमिका तुमसे मिलने की सौ
योजनाएँ बना चुकी होती है

तुमने अभी तक एक ऐसी जगह न ढूँढी
जहाँ अपनी प्रेमिका के हाथ में रख सको तृप्ति
उसकी आँखें बन्द करके, चूम सको उन आँखों को जो तुम्हारे लिए रोती रही
यह एक दुर्लभ बात है कि प्रेमिकाएँ अभी भी जीवित हैं
जिस हिसाब से उन्हें बरता गया है उस हिसाब से तो बाघों से भी कम संख्या होनी चाहिए उनकी
लड़की बाहर से चुनती हैं वकील, डॉक्टर या एक बड़ी अधिकारी हो जाना
अन्दर से चुनती हैं प्रेमिका होना
तुमने चुन लिए चौरासी लाख पाप

तुम्हें लगा प्रेमिकाएँ कोशिकाओं से बनी हैं
असल में, वे फूलों के नामों से और धुँधली साँझों से बनी हैं
इधर तुम कलियों की कामना करते रहे
इधर तुम्हारी प्रेमिका रोती रही
उसे आशीष देने कोई देव नहीं उतरते
और देखो अपनी प्रेमिकाओं की मूर्खताएँ,
वे तुम्हारे लघु पापों के लिए ईश्वर से माफ़ी छीन के ले आती हैं।
एक भी पत्र न लिखा तुमने अपनी प्रेमिका को

झाँसे अवश्य ही अनेक दिये
तुम्हारे झाँसों के पीछे तुम्हारा कर्म खड़ा है,
कर्म के पीछे तुम्हारी प्रेमिका
तुम्हारे दण्डाधिकारी से बचाने के लिए

इस संसार में जितनी भी चुप्पियाँ हैं, दुआएँ हैं
वे तुम्हारी प्रेमिकाओं से आशीर्वाद लेकर आये हैं
तुम ज़ख़्म सूखी पपड़ी की तरह जम गये हो
तुम्हें खोटने पर रक्त बहेगा
प्रतीक्षा ही दे सके तुम देह को
तुम क्रिया सीख चुके हो बालपन से
प्रेम नहीं सीखा तुमने
तुम बेतरह याद किये जाने पर
भी नहीं पिघलते
तुम्हारी प्रेमिका पिघलकर भी ठोस नहीं हो पाती
इधर तुम खो चुके हो अपनी प्रेमिकाओं को
उधर तुम्हारी प्रेमिका रो रही है
इधर तुम अपनी पत्नीव्रत होने का ढोंग कर रहे हो
उधर तुम्हारी प्रेमिका रो रही है

बहुत सारी स्त्रियाँ हैं तुम्हारे भीतर
प्रेमिकाओं के अन्दर एक भी पुरुष नहीं
गर होते तो भंग हो जाती प्रेमिकाओं की शुचिता
इधर तुम स्त्रियों से जन्मकर स्त्रियों को बची हुई शेष मृत्यु दे रहे हो
उधर तुम्हारी प्रेमिका रो रही है
वह चुन नहीं पा रही अपने लिए द्वितीय पुरुष,
कर नहीं पा रही पाप, नहीं कर पा रहीं आत्महत्या
क्योंकि वह और कुछ कर नहीं पा रहीं
इसलिए वे रो रही हैं
तुम्हारी प्रेमिका रो रही है।

दो प्रेमियों की बातें

एकान्त की दुबकी हुई एक कान्तिमय जगह पर
दो प्रेमियों ने पृथ्वी के बीचों–बीच एक खिड़की काटी
अस्ताचल के समय पूरे संसार को व्यस्त छोड़ मिलने आये हैं एक दूजे से

वृक्ष अभी भी जाग रहे हैं
हवा ने अपना वेग मध्यम किया
वसुन्धरा आँखें मीचे मुस्कुरा रही है
अन्धकार ने अपना रूप चमकाया
स्थान देवता ने आशीष की मुद्रा बनायी
ये सभी दो प्रेमियों की मीठी बातें सुनने आये हैं

वह बोला कि पिछले कुछ दिनों से वह एक गाँठ की तरह बँधा हुआ है
एक पंखुरी की तरह उसने अपना थोड़ा–सा मन खोला
और बोली उसे भी कुछ दिनों से कोई चीज़ खुली उन्मुक्त नहीं नज़र आयी
पक्षियों को उड़ते हुए नहीं देख पा रही, स्वप्न में भी बन्द कलियाँ दिख रही हैं, आकाश का झुकाव भी बन्द पड़ा है,
समुद्राधिपति ने भी जैसे अपनी लहरों को अदृश्य किया हो

वो मुस्कुराया, ठोड़ी को गर्दन से लगाते
हुए पूछा अपनी प्रेयसी से कि कठिन समय में धैर्य कैसे रखती है?
आकाश की तरफ़ ताकती हुई वह बोली
समय एक समन्दर बनकर मुझे डुबो देता है
तुम्हारी स्मृतियों की नाव पर आँखें मूँदे
सो जाती हूँ
आँखें खुलने पर एक हँसी का मुखौटा पहनकर एक बच्चे को
खोजती हूँ जो खोज रहा होता है अपनी गेंद
दोनों मिलकर गेंद खोजते हैं
हमारी बातें भी एक दिन एक गेंद बनकर खो जायेंगी, मुमकिन है
कि यह गेंद एक कविता में तब्दील हो जाये
थोड़ा समय कटने पर बुनकरों के पास बैठती हूँ
उनके रम और रम हाथों को देखती हूँ
देखती हूँ धागे कितने आज्ञाकारी हैं
वह धागा जिसने हम दोनों को बाँध रखा है,
अगर हम कभी बिछड़े तो उस धागे को बुनकरों को दे देंगे
सम्भवतः वे उस धागे से एक सुन्दर पोशाक बना दें
और इस तरह से कठिन समय कट जाता है, तुम कहो क्या हमें
कभी बिछड़ना भी पड़ सकता है क्या?

अपनी प्रेयसी का हाथ अपने हाथों में लेता हुआ उसकी आँखों में
देखता हुआ कहता है
बिछड़ते समय अयोग्य साबित मत हो जाना प्रिये
कोई आश्चर्य नहीं जो कल हम बिछड़ जाये
हर पत्ता पेड़ से बिछड़ता है,
बदल जाती है हर ऋतु, हर तीसरे वाक्य की टिप्पणी बदल जाती है
पिता पुत्र से बिछड़ जाता है
हम भी बिछड़ेंगे कभी
तब महिका पर किसी कोंपल से स्नेह

नहीं कर पाऊँगा
ईश्वर का ईश्वरत्व नहीं देख पाऊँगा
आँखों से देखूँगा सब कुछ
मन से किसी की व्यथा तक न देख पाऊँगा
नदी का नीला, आकाश का स्लेटी नहीं देख पाऊँगा
नहीं देख पाऊँगा किन्हीं दो प्रेमियों को किसी कविता अथवा कहानी
में भी बिछड़ते हुए

दोनों रोते हैं देर तक
दो प्रेमियों की बातें सुनकर
रोते हैं साथ में वृक्ष, हवा, वसुन्धरा और अन्धकार।

एकान्त का अमेय संसार

बहुत लघु है मेरा संसार
इतना लघु कि यहाँ एक क़दम पर घर है
दूसरे क़दम पर दफ्तर, तीसरे क़दम पर आकाश
चौथे क़दम पर पीड़ाएँ
इतना–सा ही संसार, बहुत कम बारिशें, बहुत अधिक परिश्रम,
कल्पना की एक छोटी नदी है, जो रात में कमरे से बह निकलती है

इस नदी की एक छोटी नाव मेरी पीड़ा बोली सहेली है
यह नाव मुझे नाना प्रकार के जगहों पर ले जाती है
जहाँ–जहाँ ले जाती है यह नाव, वहाँ अपरिचित की गन्ध नहीं,
सम्भावनाएँ मिलती हैं, मौन का एक सुन्दर दृश्य मिलता है,
यहाँ मैं अपने पूरे उठान पर होती हूँ
नदी तट के सभी पुष्प मेरे रहस्य जानते हैं, बरगद की लताओं को
पता होता है कि मैं उन्हें पकड़ पर झूलना चाहती हूँ
घास मेरे ठहरने का बन्दोबस्त करती हैं
यहाँ इस नदी तट पर मेरा एक छोटा–सा राज्य है
कन्दमूल, तिनके और ओस सभी मेरी सेना में शामिल है

यह एक कल्पना का संसार है, लघु है, क्षणिक है,
परन्तु आत्मा पर चन्दन रख देता है
स्वप्न सारे सत्य हो जाते हैं, इसमें कोई आपाधापी, कोई
परिश्रम नहीं लगता
यहाँ जो मैं होती हूँ, तो बस यही होती हूँ, यही मेरा असल है
यथार्थ की दुनिया में सब कुछ नक़ली है मेरा

हँसती आँखें सबसे बड़ा नक़ल है
तनी हुई पीठ सबसे बड़ा झूठ, इस पीठ में ताक़त नहीं, दर्द छिपा है
चलते हुए पैर धोखा हैं, लोगों को लगता है ये मेहनतकश हैं,
परन्तु यह क़दम–भर और बिल्कुल भी नहीं चलना चाहते,
ठहरना चाहते हैं, किसी के द्वारा सहलाये जाना चाहते हैं
मेरा चेहरा एक फ़रेब है, देखने में कितना प्रसन्न लगता है, लगता है कितना आत्मविश्वास से भरा, बिना किसी के सहारे अकेले रहने वाला
इस चेहरे को एक और चेहरे की दरकार है

एकान्त में असत्य की कोई जगह नहीं
एकान्त में कोई पुकार नहीं जिसका उत्तर दिया जाना
ज़रूरी हो
कोई सीढ़ी नहीं जिस पर चढ़कर ऊँचाई तक पहुँचना हो
कोई बेताल नहीं जिसे कहानी सुनानी पड़े
कोई उत्सव नहीं जहाँ चमकते हुए कपड़े पहनना ज़रूरी हो
बालों का एक साधारण जूड़ा बनाया जा सकता है
किसी की झूठी तारीफ़ नहीं करनी होती
तालियाँ बजाने जितना असाध्य कार्य नहीं करना पड़ता
किसी भी दिशा में मुँह करके चीख़ा जा सकता है
रोने के लिए कोई कोना नहीं ढूँढना पड़ता

एकान्त के अमेय संसार से वंचित हैं जो
उन सभी के लिए मैं अपनी संवेदनाएँ व्यक्त करती हूँ
वे धनेश नहीं, दरिद्र हैं जिनका कोई एकान्त नहीं
जिन्हें भीड़ में सुख मिलता है, वे एक फ़ासले में जी रहे हैं
उनकी थकान हरने कौन ही आता होगा
एक अमानवीय की कौंध से होकर रोज़ चलते होंगे
एकान्त का अमेय संसार मुझे आत्महत्या करने से बचा लेता है
हर बार, हर दफ़े, हर दिवस।

जनवरी 29, 2021 प्रिये तुम

यहाँ मेरे ह्रदय में कुछ अनसुलझा–सा है
इस अनसुलझे की चीख़ हमें पी रही है
इस चीख़ से सटे हैं मेरे शत्रुओं के कान

इस पत्र में खोल रही हूँ एक रहस्य
इस रहस्य से ही बँधी हैं मेरी पीड़ाएँ
ये पीड़ाएँ उन शब्दों की तरह हैं जिनको उल्टा या सीधा जैसा भी
पढ़ा जाये, एक जैसा ही होता है जैसे सरस, नयन, कनक
ऐसी ही पीड़ाएँ मेरी उन्हीं रहस्यों से उठती हैं, उन्हीं पर आकर
चित हो जाती हैं

यह रहस्य दरअसल शिशु बनकर आते हैं हमारे पास
निर्मल, कोमल
अन्ततः हमारी देह से चिपक जाते हैं जैसे वसन्त के आगमन पर
पीले वस्त्रों पर चौंपे
फिर सभी मौसमों के नृप बनकर हम पर शासन
करते हैं
अदृश्य बेड़ियाँ हमारे हाथों में नहीं, मन पर पड़ जाती हैं

कौन ही विष मिला सकता है अपने भोज में
कौन ही साँस रोक–रोककर मरने का प्रयास करता है बारम्बार
ऐसा कई बार किया मैंने, प्रिये

हर बार मुझे तुमने खींचा
खींचकर वहाँ गिराया जहाँ पीठ के कई
टुकड़े हुए
रीढ़ का दुःख जाना मैंने

मैंने जान लिया प्रेम हमें छलने आया था
उसी ने हमें छल करना सिखाया
सिखाया हमें कि कैसे हम अपनी नींद को छल से रात से छीन लें
प्रेम को हमने अपने हृदय में जगह देने के लिए कितने ही एहतियात
किए हमने
हमने सूर्य की चमक, वायु के वेग और आकाश के ढाँप तक को
कुछ न समझा
हर दिशा में हमने खुद को ताका, पाया
सबसे श्रेष्ठ
एक पुष्प को अलग किया तुमने पौधे से मेरे लिए
मैंनें चेहरे को कृत्रिम चीज़ों से सजाया
हम कई–कई बार अपनी सहजता और सरलता से अलग हुए

हम कितनी बार चौंक गये
कितनी बार भूखे रहे, असत्य कहा, छिपा लिया चीज़ों को
क्या पाया
न तुम मुझे पूर्ण कर सके, न मैं तुम्हें तृप्ति दे सकी
इतनी बड़ी अतुष्टि के बावजूद भी छोड़ न सके
हम एक दूजे को
एक तितली न भंग कर सकी हमारा ध्यान
कितने ही भँवरों ने हमारे सामने पुष्पों से सम्भोग किया
एक भाव जिसका नाम 'हम' थे, वह हमें
ऐसे पालता रहा जैसे पाल लेती है हवाएँ
धान को

हम लहलहाये और काट लिए गये
जब बिकने की बारी आयी तो एक दूजे पर दोष मढ़ते रहे

मैंने तुम्हारे सीने पर अपने सिर के लिए सबसे
आरामदायक तकिया खोजा
तुम्हारी हथेलियों में अपना अधिकार
तुम्हारे कान्धे पर कभी नहीं रखना चाहा अपना भार
अपितु तुम्हारे कन्धो को देखकर गर्व किया सदा
मैंने दूर से तुम्हें चूमा बार–बार
दूर से चूमना एक त्रासदी है, एक बदक़िस्मती

एक दिन हम नींद से उठेंगे
और एक दूसरे की स्मृतियों से क़तई आहत नहीं होंगे
गालों पर अश्रु नहीं सूखे होंगे
हम अपने भीतर प्रेम की एक नयी छवि बना चुके होंगे
हम प्रेम की आँखों में आँखें डालकर कह रहे होंगे कि आओ अब
हमारे लिए एक शोक–गीत नहीं, मांगल्य गीत गाओ, सोहर सीखो,
बधाई गाओ
हम दूर रहकर सभी रस्में निभायेंगे
हम शेष रह जायेंगे।

सीखो पराजित होना सीखो बन्धु

बाँधो, उसी ठौर नाव बाँधो बन्धु
जहाँ तुम्हें लगे ख़तरा नाक तक उठ आयेगा
जीवन के घमासान को ललकारो
इस तरह ललकारो की ललक की छाँह हल्की–सी बची रहे
सूरज से तपकर लोहा मानो
वृक्ष–वनस्पतियों के समक्ष नतमस्तक होओ
इतना भी न कर सके तो
इतना–भर करो कि रहो उन लोगों के समीप
जो जीवन में कई बार पराजित हुए हैं
उनसे बेहतर सलाहें मिलेंगी

इस उद्देश्य से साँस लो कि अगली साँस तक
किसी को हँसा सको
अपने एकान्त के स्वयं ही रक्षक बनो
इस लोक में रहस्यमयी बने रहोगे तो मूर्खता में शायद लोग तुम्हें तवज्जो दें
हृदय में अवश्य ही कुछ न हो
लोगों को कतई न ज़ाहिर होने देना
एक उद्देश्य के साथ जियो
उद्देश्य बड़े हों, क़तई ज़रूरी नहीं
एक वृक्ष को बचाये रखने का उद्देश्य भी कोई कमतर नहीं

तुम्हारी भाषा एक सूई है
अपनी भाषा से जुड़े रहो एक धागे की तरह

अपनी भाषा से ही तुम अपने जीवन के उधड़े हिस्सों को सी सकते हो
और फिर ये भी आवश्यक है कि सही समय पर तुम्हें चुभना भी आना चाहिए, उन्हें जो भाषा में
भाषा से ही उत्पात मचाते हैं
तुम्हें भाषा का ऋण उतार देना होगा मृत्यु से पहले
मृत्योपरान्त तुम्हारी भाषा ही तुम्हें जिलाये रखेगी

तुम्हारे अन्दर जो कुछ भी है, सभी को बाहर मत लाना
अपने भीतर रख छोड़ो थोड़ी आग
गाढ़े समय में अपने एकान्त के लिए
अपने हृदय को एक कलाकार में तब्दील करो
जो मंच पर अभिनय करते समय सत्य कहे,
बहुरूपियों को छल सके, बच्चों के साथ और छोटा बच्चा बन सके
और स्त्रियों को प्रेम कर सके
ऐसा हृदय तुम्हें हर दिन होने वाले हृदयघातों से बचायेगा
हो सकता है तुम प्रसिद्ध न हो सको, एक अच्छे हृदय वाले मनुष्य ज़रूर कहलाओगे
इतना काफ़ी है तुम्हारा मनुष्य बने रहने के लिए

ज्येष्ठ न बनों, इसमें ख़तरा अधिक है बने रहो कनिष्ठ
सीखो, असंख्य बार सीखो, पराजित होओ, रोओ, गिरो, क्षमा माँगो, हठ करो, चीख़ो, सज़ा पाओ, मँजो, तिरस्कृत होओ, जटिल चीज़ों को फोडो, टुकड़े–टुकड़े करो, जानो रहस्य
यह सब तुम्हारे चरित्र के अंग हैं
इनका रमा होना अति आवश्यक

सीखो पराजित होना बन्धु
बार–बार पराजित होओ
हर दिन पराजित होओ किसी एक दिन के
एक सम्पूर्ण जीत के लिए।

मन में धीमहि और हाथ में समय लेकर आना

आना थोड़ा समय लेकर अवश्य ही
अपनी शेष इच्छाएँ पूर्ण करेंगे
थक्केदार बादलों के नीचे एक पेड़ ढूँढेंगे
जो घर की छत जैसा दिखता हो
पृथ्वी सूखे पत्तों से ढँकी हो भले
मन गीला अवश्य ही रह जाये, यह ध्यान रखेंगे
पीले रंग की देवी को देखने चलेंगे तड़के सुबह
उन्हें बतायेंगे अपने पीले दिनों की पीड़ाएँ और पूछेंगे
क्या यह उन्हीं का दिया पीला है

समुद्री रेत में
केकड़ों को प्रेम करते देखेंगे
मछलियों को नहीं खायेंगे, मशरूम से ही काम
चलायेंगे
तुम जौ के पानी की व्यवस्था करना
उसी से नहायेंगे
मैंने सन्तरों के छिलके सुखाकर पीस लिए थे, वह लाऊँगी
उससे रूप–लावण्य बढ़ायेंगे

'झींगा लाला हूँ' की लय पर देर रात तक नाचेंगे
तुम मेरे लिए सीपियों का बाजूबन्द बनाना
मैं तुम्हारे लिए रेत पर हेमा मालिनी का चित्र बनाऊँगी,

वह पसन्द है न तुम्हें
हेलोजन के नीचे आधी रात में तुम मेरे जूड़े
में खोंसना एक पुष्प और एक लम्बी आह भरना
गुरुदत्त के तरह ही लगना और दुबारा से वही गीत गाना मेरे लिए
''तुम पुकार लो, तुम्हारा इन्तज़ार है''
एक पंक्ति है इस गीत में ''मुख़्तसर सी बात है तुमसे प्यार है'',
इस पंक्ति को तब तक दोहराना जब तक मुझे तुम्हारी गोदी में
मुझे नींद न आ जाये

वहाँ चलेंगे सुबह जहाँ सर्दी का मतलब हम अच्छे से समझ सकें
दीवार पर ख़रोंचे एक दूसरे का नाम
ख़ूब सारी खुमानी खायें
गिरकर ऐसे सुस्तायें जैसे सूरज तालपोखरी में
सुस्ताता है
किसी लाभ के बिना ही चलते रहें
कोई पहाड़ खोजें जहाँ हम बेहद बौने लगें
खच्चरों के खुर दिखने पर रास्ता पहचानें
घूरने के लिए कोई प्रेमी जोड़ा खोजें
इकट्ठा करें जुगनुओं को
उन्हे अपना–अपना एकल नृत्य दिखायें
मनोरंजन करें उ़नका, कुछ सर्कस दिखायें उन्हें

प्रान्त बदलते रहें
हाथियों के बच्चों के लिए गन्ना इकट्ठा करें
मेरे गालों के तट पर जो एक रेखा है
रख देना उसपर तुम अपने ओष्ठ
तुम्हारी ठुड्डी पर जो एक कटे का निशान है
वहाँ तक उचककर मैं तुम्हें चूम लूँगी

इतना–भर तो समय लेकर अवश्य ही आना
कि हम अपनी सभी शेष इच्छाएँ पूर्ण कर लें

मन में धीमहि अवश्य रखना, हमें भटका न दें दिशाएँ
हमें इतिहासकारों और कलाकारों से बचकर चलना होगा
वे देख लेंगे तो जान जायेंगे हम भागे हुए प्रेमी हैं
महानदी और कालिन्दी के बीच स्थिति मालदा चलेंगे, वहाँ आम,
रेशम, जूट बहुत मिलता है
एकलाखी मक़बरे में एक बार नाम पुकारेंगे
फिर सुनेंगे अपने नामों की गूँज़

दुर्वा की एक अँगूठी तैयार करना तुम मेरे लिए
तुम्हारे हाथों ही मुक्ति चाहिए मुझे
मैं तुम्हारे लिए एक जयमाल बनाऊँगी शिउली से
आँखें बन्द करके हम कह देंगे अपनी–अपनी शिकायतें,
शिकायतों को मुक्ति देंगे
रोना रह न जाये
इतना ज़रूरी कार्य छोड़ा नहीं जा सकता
यह न किया तो अन्दर की नदी सूख जायेगी
घसीट लिए जायेंगे हम मृत्यु की ओर
किसी बर्फ़ की घाटी में बैठकर रो लेंगे हम
मुझे अधिक ही समय लगेगा रोने में
तुम्हारी अनुपस्थिति में अब तक रोना रोक रखा था मैंने

कितने राजाओं के सर काटे गये मैं तुम्हें अवश्य बताऊँगी
कितनी राजकुमारियों ने अपने प्रेमियों से छल किया तुम मुझे बताना
हमारी मासूम आँखें अवश्य ही ढूँढेंगी आदम और हव्वा को
हम खोजेंगे उन्हें और हमारे हाथ लगेगी एक दुर्घटना
परिन्दो को देख–देखकर अपना उपचार कर लेंगे हम
मैं अपनी आँखों की दीप्ति से तुम्हें प्रेम करूँगी
तुम अपने भुजाओं में मुझे एक घर देना।

मैं नींद के बड़बड़ में कही गयी बात हूँ

मैं नींद के बड़बड़ में कही गयी बात हूँ
अर्द्धमूर्च्छित, स्वप्न के सीने से लगी हुई
मुझे सुनने वाला मुझे सन्देह से देखता है
मैं एक सिलाई खुले कपड़े का उधड़ा
हुआ हिस्सा हूँ
मुझे सिये जाने से पहले मुझे कई बार छेदा जायेगा
मैं एक छोटे बच्चे की शिकायत हूँ
कोमल रुई की तरह
मुझे दूर करने के लिए हर व्यस्क तत्पर है
मैं अ–सुन्दर का प्रयोजन हूँ
मुझे सुन्दरता से जान–बूझकर दूर किया
गया है
इस प्रयोजन के पूर्ण होने पर मेरा महत्व
ख़त्म हो जायेगा
मैं एक ऐसी पूछी गयी बात हूँ जिसका कोई
उत्तर नहीं
मुझे प्रश्नों तक ही सीमित रखा गया है
एक मीन का गलफड़ा हूँ, मुझसे कोई भावनाएँ नहीं सटी

मैं एक अभ्यास का अन्त हूँ
इस अन्त के बाद मेरा कोई अस्तित्व नहीं बचता
मुझे हर बार मंज़िल से थोड़ा पहले ही

छोड़ दिया जाता है
मैं एक रुदन का रुँधा हुआ स्वर हूँ
शक्तिविहीन, कण्ठ पर मात्र एक बोझ
इस स्वर को पूर्ण करने अब कोई स्वर
नहीं मिलायेगा
मैं एक कण्टीले पौधे का रोष हूँ
मेरे चुभन वाले हिस्से को चूमा नहीं जाता
सुन्दर रम हाथों के स्पर्श से बेघर हूँ

मैं एक मुक़दमा हारा हुआ पराजित मन हूँ
एक अभंग शान्ति और तिरस्कार से जकड़ी हुई
मुझे सहारा देने कोई न्याय की देवी नहीं आयेगी
मैं न लिख पाने की पीड़ा हूँ
मैं सघन अन्धकार की एक भाषा हूँ
मुझे कह दिये जाने की सम्भावना अभी दिख नहीं रही
मुझे जटिलता की लिपि में लपेटकर एक चुप्पी के साथ ब्याह
दिया गया है

मैं स्वीकृति के हृदय की एक उछलती हुई आस हूँ
मुझमें अभी अथाह सागर भी समा सकता है
इस आस की आयु बहुत अल्प है
मैं एक अनुपस्थिति की ख़ाली धरा हूँ
मुझमें एक महापृथ्वी छिपी हुई है
इस धरा पर एक कीक का कोलतार फैला पड़ा है
चलने पर पैर चिपकते है
मैं एक शोक–गीत का त्राहिमाम हूँ
मुझे गाने वाला कोई प्रसिद्ध संगीतज्ञ नहीं
एक मामूली मनुष्य है
इसी त्राहिमाम से दूसरा जन्म लेगा

मैं एक चमकदार चीज़ का भरम–भर हूँ
मुझे पाये जाने के बाद तुरन्त ही त्याग दिया जाता है
कोई आँख देर तक मुझ पर नहीं ठहरती
मैं एक लापरवाह कन्धे की उचक हूँ
मुझसे अविश्वास की एक सील लगी है
मुझ पर सिर टिकाने कोई भी नहीं आयेगा
यही मेरा कपाल है, यही है भाग्य मेरा
मैं एक चौकीदार की नींद हूँ
मेरी आँखें ही मेरा अन्धकार
मुझे आरामदेह बिस्तरों ने श्राप दिया है

मैं एक बुनकर की उँगली हूँ
निरन्तर काम करती हुई
मैं देह ढाँपने का औज़ार हूँ
मेरा स्पर्श पहुँचेगा औरों तक, मुझे प्रेमिल स्पर्श
पहुँचाने एक सूत भी नहीं आयेगा

मैं मात्र यही सब हूँ
मैं क्या हूँ, क्या नहीं, क्या होना चाहती हूँ
यह सब मुझसे कोई नहीं पूछेगा
मैं अवश्य ही एक मनुष्य हूँ
परन्तु एक बाध्यता–भर हूँ
कहने को मैं कुछ भी नहीं
सोचने को तुच्छ हूँ।

एक स्वप्न और एक कोप है मेरे पास

इतने रंगों, इतनी ध्वनियों, इतनी विपत्तियों, इतने अधिकताओं के
बीच मैं अल्प होती जा रही हूँ
मेरे हाथ लम्बे होते जा रहे हैं, हर दिशा में पहुँचने लगे हैं
जीभ छोटी होती जा रही है, कहने में असमर्थ
पैर शिष्टता भूल रहे हैं
मैं कितनी ही चीज़ों में पराजित हो रही हूँ
इस पराजय की एक लूक मन में जलती रहती है
इस ज्वलन से ही शीतल रहती है आत्मा

मेरे पास एक स्वप्न है और एक कोप
स्वप्न नींद दे देता है, कोप जागने का कारण
मैं घटित और अघटित के मध्य एक संवेदना का काम कर रही हूँ
तोड़ रही हूँ दिन का पत्थर
ठोक रही हूँ रात का लोहा
चबा रही हूँ समय का चना
मैं देखती हूँ और पाती हूँ संगीत सुरों में नहीं था
फोन पर हमारे बीच जो एक लम्बा मौन था,
वही सबसे सुन्दर संगीत था

हमारे कोपों के लिए कोई भवन नहीं बनाया हमारे राजाओं ने
कोप जैसी चीज़ तो हम मनुष्य किसी पर भी उतार दिया करते हैं
एक मच्छर पर, आलू पर, चादर पर, कागज़ों पर भी

कोप का मोक्ष उतर जाने में ही है
जो कोप मेरे पास है, वह मेरे स्वप्न के प्रेम में है
मैं किस पर उतारूँ अपना कोप
उतर जाने पर स्वप्न मेरा अकेला रह जायेगा

क्या कुछ घट रहा है मेरे भीतर
एक पृथ्वी घट रही है, आकाश घट रहा है
पराजय एक भीषण अग्नि की तरह धू–धू कर रहा है
कितने प्रयास यूँ ही घट रहे हैं
रहस्य घट रहे है
जैसे मैं खड़ी हूँ एक स्टेशन पर और असंख्य
रेलें गुज़र रही हो मेरी आँखों के सामने से
हर रेल पटरी को नहीं, मुझे थरथरा देती है

एक स्वप्न और एक कोप है मेरे पास
इन्हीं दो चीज़ों में सुन्दरता पहना करती हूँ,
भय को रौंद देती हूँ
अगर ऐसा न करूँ तो मैं एक बुत बन जाऊँगी
मुझे दुबारा मनुष्य बनाने कौन लिखेगा रामायण, राम कैसे आयेंगे
मुझे अभी राम की नहीं एक हठ की आवश्यकता है
मुझे अपने स्वप्न और कोप से क़तई पराजित
नहीं होना।

एक शीर्षकहीन कविता

मैंने असम्भव के एक–एक तन्तु को बड़े स्नेह
से देखा
मुझे एक भी तन्तु में अकड़ नहीं दिखायी दी
अपितु वे इतने लचीले थे कि उन्हें प्रेम और अभ्यास के एक आँख
की दरकार थी
मेरे ह्रदय के जो हिस्से यात्रा नहीं कर सके थे
वे पश्चाताप से भरे थे
उन्हें शुद्धि की नहीं एक खोल की आवश्यकता थी, जिनमें वे भर
लेना चाहते थे पृथ्वी का हर एक देश
मेरे छिपे और डरे हुए अपराधों को ईश्वर की नहीं मेरे जैसे ही मन
वाले एक मनुष्य की आवश्यकता थी
मेरा विपथ मन जानता था कि उसे दिशा दिखाने कोई मार्गसूचक
नक़्शा नहीं मिलेगा
मेरे मन को पदचापों की ध्वनि की आवश्यकता थी
वह उन पदचापों के साथ अपने पदचाप मिलाकर कहीं भी जा
सकने के लिए ख़ुशी–ख़ुशी किसी भी अजायबघर अथवा पुस्तकालय
की ओर चल पड़ता
कदाचित एक स्वाँग का काला आँखों के नीचे नहीं, तलवे की
धारियों में जाकर जम जाता है
छूता है पृथ्वी को तो पृथ्वी काली पड़ जाती है

मुझे नष्ट करने के लिए कोई झुण्ड आक्रमण करो, ऐसा नहीं
चिल्लायेगा
आवश्यक नहीं कि कोई एक पूरा दिवस ही मेरा अन्त लेकर आये

एक छोटा क्षण जो मेरे ही हठों से बना हो, मुझे नष्ट करने के लिए यथेष्ठ होगा
मैंने जितना भी पढ़ा है, पाया है, जोड़ा है
वह सब एक दिवस खंख हो जाने के बाद भी मुझे जिलाये रखेगा,
ऐसा विश्वास लिए मैंने किसी महासुख की कामना नहीं की है

किसी के हृदय में उतरकर
मोह की तरह घट सकना
एक घटना की शुरूआत है
एक ऐसी घटना जहाँ घट सकने की कला
को चाँपा नहीं जाता
जहाँ घट सकना एक प्राणदायक औषधि की
तरह निरन्तर कार्य करता है
जहाँ नींद का एक छोटा झम्पन भी तृप्ति के
आकाश जितना लगता है
जहाँ समय एक तमहर की तरह लगता है
कोई निरन्ध्र भी देख सके ईश्वर को, ऐसी एक दिव्यता पा सकने
जितना सुख है एक घट
सकने की कला में
हम घट रहे हैं किसी के हृदय में
या तो एक स्वप्न की तरह, या एक हठ की तरह
कभी नहीं झुठलाया किसी प्राच्य शास्त्र को
मन्दिरों के साथ साथ विद्यालयों के समक्ष भी नतमस्तक हुई
सातों द्वीप, नवखण्ड, पृथ्वी, चन्द्रमा, ग्रह, पुरुष, स्त्री, किन्नर, पक्षी
सभी से स्वयं को छोटा मानती हूँ
और कहती हूँ पृथ्वी के हर कण से कि
घटो, एक घटना की तरह नहीं
घटो, एक संवाद की तरह
एक संवाद की तरह घट जाओ मुझमें
घट जाओ, एक शीर्षकहीन कविता की तरह मुझमें।

एक प्रश्न की तरह हठी थी स्मृतियाँ

एक प्रश्न की तरह हठी थी स्मृतियाँ
हमारी आँखें ईश्वर की सबसे तरल चीज़ों से बनी थी
जितनी अधिक हठी थी स्मृतियाँ
दूनी तरल हुई आँखें
कितनी ही सरलता से स्मृतियाँ अश्रुओं को संकेत देती हैं
स्मृति जैसे एक चप्पू हो
और आँख एक बहुत बड़ी नदी
इस चप्पू के चलते ही हिल जाती है आँख
मैं किसी स्मृति में डूबे रहती हूँ बहुत देर तक
तो एक मेघ बनकर निकलती हूँ
अपने मेघ होने के अस्तित्व में देर तक होती हूँ तो भिगो लेती हूँ
अपना ही संसार
बहुत अधिक देर तक भीगने पर एक ताप की
अभिलाषा में, मैं ख़ुद को सौंप आती हूँ एकान्त को
इसी एकान्त से जन्मती हैं कई सम्भावनाएँ
पुनः एक नये जीवन के शुरुआत के लिए

एक कीट की तरह उड़ता है दिन
हाथ लगती है एक रात
एक साँस–भर लेना भी एक वेग से आयी आँधी से जूझने जितना
लगता है
एक क़दम चलना पर्वत को खींचने जितना लगाता है

किसी आस की प्रतीक्षा में मन ऐसे बैठा रहता हो जैसे देखने बैठा हो किसी नये नाटक का मंचन
अपनी ही पीड़ाओं पर एक विहंगम दृष्टि डालना और फिर संसार की ओर खुलती मन की खिड़की को हमेशा के लिए बन्द कर लेना
एक कलान्त मन भयंकर रूप से कभी उद्दण्ड बच्चा बन जाता है, कभी एक गूँगा प्रौढ़
मात्र इतनी–भर सहभागिता होती है देवों की
कि मनुष्यों और देवों में एकमेक जैसी कोई बात नहीं होती

किसी लोक–धुन की तरह कोई प्रेयस जैसे अपनी प्रेयसी को खींच लेता अपने मन के सबसे तरल तार तक
ठीक उसी तरह स्मृतियाँ हमारी देह से हवा और रक्त दोनों खींच लेती हैं
स्मृतियों के प्रश्न दैत्य जैसे बड़े थे
उत्तर ऐसे माँगते थे जैसे मांस और मदिरा
इतनी विकट थी मेरी सद्इच्छाएँ कि उनमें एक मक्खी भी अपने पंख हिलाये तो हिल जाती थी पृथ्वी
किसने सिखाया है स्मृतियों को देह की सीढ़ी चढ़ना, दिमाग़ को सुन्न करना और रोटी के अप्रेम में पढ़ना
कृपया ध्यान दें कहने वाली कोई एनाउंसर नहीं सुनायी देती
कोई जगन्माता, कोई देवांगना, कोई गायत्री आशीष देने हथेली ऊपर नहीं करती
मनुष्यों कहाँ ही जानता है अणिमा और लघिमा
कहाँ ही जानता है इतने तामझाम
हम जैसे एक सफ़ेद कपड़ा
उस कपड़े लगा लाल रंग हैं स्मृतियाँ
बाहर की ओर उभरी हुई; चमकदार, हमारे सफ़ेद रंग को नकारती हुई स्मृतियाँ एक सशक्त शासिका है।

औंकोना बन्दोपाध्याय का सातवाँ प्रेम

कितना काजल भरा है आँख में चाण्डालिनी ने
रगड़े भी तो सात दिन तक न मिटे
सात ग्राहक निपटायेगी एक दिवस में
निकले तो दरिद्र निकले चौखट से
सौतेली माँ की इन्ही पंक्तियों से शुरू होता था
औंकोना का दिन
सात समुद्र की चुप्पी अपने कण्ठ में धारण किये
औंकोना सात बार आरती घुमाती दुग्गा के गोल–गोल
दुग्गा से पहला प्रेम, ओष्ठ फैले दिन में पहली बार
इतनी बन्द कि सात चाबियाँ न खोल सके उसकी जिह्वा
मानिकतल्ला से सरपट भागती हुई सात पग तक ख़ुद को टटोलती
है, तब जाकर सम्भल पाती है
चिड़ियाओं के लिए बासी रोटी गली के कोने में रखती है
ये दूजा प्रेम, दूसरी बार ओष्ठ छेड़ता है
पिता पहले से ही गली में खड़े रहते
सिर पर हाथ फेरकर काम के लिए विदा करते
तीसरी बार मुस्कुराती औंकोना गिनती है तीन

कितनी विचेष्ट है ये पृथ्वी
एक विजयिनी के समक्ष कितनी ही विचेष्ट
सात परिक्रमा से भी न मिल पाये कोई वरदान
ऐसा भाव मन में लिए जा बैठती है दफ़्तर की कुर्सी पर

उँगलियाँ इतनी चंचल की दिनास्त तक विराम नहीं करती
इतनी भर सन्तुष्टि कि नौकरी हाथ में है,
सौतेली माँ को मास में एक बार ख़ुश करती है तनख़्वाह देकर
मुस्कुराती है चौथी बार, चौथा प्रेम कितना ही स्वार्थी
कितनी बन्द है देह, उससे भी अधिक बन्द उसकी आत्मा, कोई
भीतर न घुस पाये, इतनी
जटिलताओं की सात परत चढ़ाये औंकोना एक अन्तराल में बह
रही है
सूती झोले में से निकालती है मरी हुई माँ की छवि
मुस्कुराती है पाँचवीं बार, माथे से लगाती है छवि, फिर नहीं रुकती
पाँचवें प्रेम में पाती है आस

छठा प्रेम है उसकी ख़ुद की आँखें
देखती है आरसी में, लजाती है
आँखों में हैं सातवाँ प्रेम
गर्दन हल्की–सी घुमायी, पार्थो उसे ही देख रहा था
छू रहा था उसे आँखों से ही
जैसे रात्रि–भर उसी के साथ सोया हो
पार्थो, उसका सातवाँ प्रेम
बाक़ी के छः ख़ालीपन को भरता हुआ
दोपहर के खाने की घण्टी के साथ
घटते हैं एक दूसरे के लिए
जा बैठते हैं एकान्त में
अपने पैरों की उँगलियों से छूता है औंकोना की मुलायम उँगलियाँ
उँगलियाँ ऊपर नीचे करते हुए दाब लेते हैं अपनी विरक्तियाँ
जैसे असंख्य गेंदे के फूलों की वर्षा हो रही हो उन पर
और वे अपने लिए नामांकित कर रहे हो एक दूजे को

साँझ–आरती में पार्थो माँगता है औंकोना को
देवी से
औंकोना माँग लेती है पार्थो की पूर्णता
इतनी पीड़ाओं के बीच बैठा है प्रेम एक लम्बी प्रतीक्षा की तरह
इस प्रतीक्षा में कोई आकाश नहीं झुकता, नहीं इठलाती पृथ्वी
नदियाँ छपाक नहीं करती
पाखियों ने अभी तक अण्डे नहीं दिये

परन्तु एक आस से बिंधी औंकोना अपने सातवें प्रेम में मुक्ति नहीं
बन्धन चाह रही है

एक निकास नहीं, एक प्रवेश चाह रही है
सौतेली माँ के लिए धन
नौकरी के लिए एक आस
चाह रही है पिता और चिड़ियाओं की उपस्थिति
मरी हुई माँ के लिए रोज़ एक चुम्बन
पार्थो के लिए निमन प्रेम
चाह रही है सातवें प्रेम के लिए चारों ओर से एक घिराव
एक प्रेम घिराव जो सातों जन्म तक सींचता रहे प्रेम
मात्र प्रेम।

एक स्मृति की छींट हो तुम

अगर तुम बनोगे एक छाँह
तो मैं बनूँगी उस छाँह का साँवला रंग
तुम बनोगे अगर एक बिल्वपत्र
तो मैं तुम्हारा दूध बनूँगी
एक जासूसी होगे अगर तुम
तो मैं माताहारी बनूँगी
तुम एक कम्पन बनोगे अगर
तो मैं उस कम्पन का हिलाव
मछुआरे की साध बनोगे अगर तुम
मैं ख़ुशी–ख़ुशी एक मीन बन जाऊँगी

तुम अगर चुनोगे एक पुस्तक होना
तो मैं चुनूँगी उस पुस्तक की गन्ध होना निश्चित ही
तुम अगर कण्ठ होना चुनोगे,
तो मैं चुनूँगी जल होना, तुमसे सटकर बहूँगी
तुम अगर बन जाओगे कोई घाट
तो बनूँगी उसी घाट से लगी सीढ़ी
तुम बन जाओगे कोई लोक
तो मैं तुम्हारी सभ्यता बनूँगी, प्रिये

तुम अगर यौवन बनोगे
तो मैं हो जाऊँगी सोलहवाँ साल

तुम अगर बनोगे किसी प्रेमी का पत्र
तो उस उस पत्र के लिए काग़ज़ हो जाऊँगी
तुम बन जाओगे अगर कोई ध्वनि
तो मैं गूँज बनूँगी
मैं कुछ भी बनूँगी तुम्हारे लिए
जो तुमसे ही सटी रहे

तुम अवश्य ही चूकोगे कई चीज़ों से
मैं हर उस चीज़ से शत्रुता करूँगी
बचाये रखूँगी तुम्हारे लिए हरसम्भव प्रयास
जो भी चीज़ें तुम्हारी पकड़ के बाहर होंगी
उन चीज़ों की भरपाई करती हुई मैं
तुम्हारे अन्दर आती जाऊँगी
मैं तुम्हारा भंगुर होना भी ऐसे तान लूँगी
अपनी देह पर
जैसे कीट ख़ुशी–ख़ुशी तान लेता है रात्रि
और इस तरह से तुम अगर जड़ बनोगे
तो मैं बनूँगी तुम्हारा कसाव

एक स्मृति की छींट हो तुम
मुझ पर ऐसे छिड़के जा चुके हो
जैसे जन्म पर छिड़का रहता है नक्षत्र कोई।

हम एक स्वप्न के मध्य खुली आँखें हैं

एक स्वर्ण हिरण आता है स्वप्न है
परन्तु मैं पाने की ज़िद नहीं करती
यहाँ हर घट में रावण है, हर आँख में एक मारीच
मैं वैसे ही तुम्हें बचा लेना चाहती हूँ जैसे शिशु के पेट भर जाने के बाद भी बचा रह जाता है
स्तन में दूध
जैसे कान में बची रह जाती हैं फुसफुसाहटें
जैसे आकाश में हर समय बची–छिपी रहती हैं दामिनियाँ
और मन में बचे रह जाते हैं असंख्य चुप

तुम एक भाषा की तरह मेरी जिह्वा पर
और एक प्रयास की तरह मेरे मन में सुरक्षित रहोगे, प्रिये
हम एक उद्देश्य की तरह एक दूसरे को पूर्ण करेंगे
हम अपने–अपने हृदय की गहराइयों में गिरते
हुए भी उठाये रखेंगे एक दूसरे को
सम्भव है कि कोई गाढ़ा वक़्त हमें आकर जकड़ ले, कोई आस हमें तोड़ दे
कोई स्मृति हमें कोई मृत्यु–रोग लगा दे
या कोई असमंजस अपना अर्थ खो दे
हम एक अन्तिम शब्द के मौन की तरह अपनी निराशाओं को अन्तिम छोर सौंपें

तुम मेरे लिए नारंगी सेमल के पत्तों से शाम सज़ाना
मैं हर सुबह एक मांगल्य गीत से तुम्हें उठाऊँगी
कल्पनाओं का संसार हमें ऐसे जोड़े रखेगा
जैसे जुड़ी रहती हैं शुभकामनाएँ हर जन्मदिवस से
जैसे जुड़े रहते हैं नुक़्ता और चीनी
जैसे जुड़ा रहता है किसी पागल के दिमाग़ से संसार के समस्त पागल लोग
इतनी दूरियों के बाद भी हम एक दूसरे से जुड़े रहेंगे दुःख के बाद एक प्रभाव की तरह
जुड़े रहेंगे हम उँगलियों और टटोल की तरह

सम्भव है कि मैं न पा सकूँ कभी तुम्हारा स्पर्श
सम्भव है कि तुम्हारे ओष्ठ न छू सकें कभी मेरे ओष्ठ
कोई संकेत हमें मंज़िल तक न पहुँचा सके
अथवा कोई पुष्प न ही दे सके अपनी सुगन्ध
परन्तु हम कभी भी एक मसोस की तरह नहीं
बल्कि एक धुन और एक रंग की तरह सोचेंगे एक दूसरे को
हम एक काँप की तरह क़तई नहीं थर्रायेंगे
न ही एक थाम की तरह थम जायेंगे अपनी पीड़ाओं में
हम एक स्वप्न के मध्य खुली आँखें हैं
हमारे स्वप्न हो सकता है अधूरे रह जायें
परन्तु हम एक दूसरे को पूर्ण करते रहेंगे एक उल्लास की तरह
एक सुखद अन्ततः की तरह
एक कला की तरह
कवि के अन्तिम श्वास से पहले उसे मिलें एक काग़ज़ की तरह।

एक शिरोई लिली पुष्प बन जाऊँ

एक दिन इतना सिकुड़ जाऊँ कि तिनका हो जाऊँ
कोई नीलकष्ठिनी मुमकिन है मुझे चोंच में उठाकर ले जाये
यह भी मुमकिन है कि आने वाले साल में पाकीजा का
उन्नचासवाँ साल हो जाऊँ
मीना कुमारी के पाँव का क़िस्सा भर रह जाऊँ
सूत हो जाऊँ, समय मुझे कातता रहे
रूकी हुए रेल के लिए चाय हो जाऊँ
छठी इन्द्री की तरह कहना सीख जाऊँ
मुमकिन है कि आहत होने में असमर्थ रहकर राख हो जाऊँ
दूर गाँव की कोई औरत मुझे बासन पर घिस दे
बन जाऊँ मैं मृत्यु का शोक
मुझसे उबरने को लोग आतुर हों
यह भी मुमकिन है कि एक प्रेयसी की लालसा हो जाऊँ
और पी जाऊँ प्रतीक्षा की घड़ियाँ
प्रतीक्षा उठ आये कण्ठ तक,
और बन जाऊँ मैं प्रेयसी की मृत्यु का कारण
माघ में पूस हो जाऊँ, अलाव की ओर दौड़ा दूँ सबको
होने में एक अर्थ की तरह बनी रहूँ,
घोड़े के नाल का भरम बन जाऊँ
एक रहस्य की तरह दब जाऊँ, भुला दिया गया कोई
प्रश्न हो जाऊँ
किसी दिन ढाक का फूल हो जाऊँ, दुग्गा मुझसे खेलती रहे

दरगाह के बाहर बैठी एक भिक्षुणी हो जाऊँ
गुलाब का काँटा ही हो जाऊँ, फ़ेक दी जाऊँ कूड़ाघर में
एक शादीशुदा औरत का एकान्त हो जाऊँ, जिलाये
रखूँ उसे
किसी शायर के लिए गोया ही हो जाऊँ
बन जाऊँ एक ज़िद्दी लड़की की अस्वीकृति
दो प्रेमियों का चुप बन जाऊँ
हो जाऊँ विदा का उत्सव, मैं संसार से ही विदा हो जाऊँ
कुछ न सोच पाने का बहाना हो जाऊँ
प्रेमियों के साँसों से बनी हवा हो जाऊँ
किसी के काँधे पर हाथ का स्पर्श हो जाऊँ
पीड़ा का नस–कम्पन हो जाऊँ
आलता का लाल हो जाऊँ, कर दूँ प्रेयस की आँखें लाल

मैं कुछ भी हो जाऊँ फ़िलहाल
किताब का मुड़ा हुआ पन्ना हो जाऊँ, फूटी कौड़ी हो जाऊँ
या हो जाऊँ बीजों का दख़ल
मैं फ़िलहाल कुछ तो हो जाऊँ
मैं नहीं बन पा रही ''मैं'', फ़िलहाल
फ़िलहाल कुछ तो हो जाऊँ
जब तक पीड़ाएँ नष्ट न हो जाए
और कुछ नहीं तो कैमूर पहाड़ी बन जाऊँ
एक शिरोई लिली पुष्प तो हो ही सकती हूँ
एक शिरोई लिली पुष्प ही बन जाऊँ।

❑❑

मनभाव

जल भरे पोखर में झाँकना, बिल्लियों को सुरक्षित रखना, अगहन में सुस्ताना, आरसी में खुद को कुछ क्षण देखना, पोखर से कमल तोड़कर माँ को लाकर देना, यही सब करते करते बीता बचपन। लिख भर देने की एक चाह ने सभी चाहनाओं से काट दिया ठीक वैसे ही जैसे अश्रु, गाल काट देता है। दुःख न मिलते तो प्रकृति अपना सन्तुलन कैसे बनाती। सूर्यास्त न होते तो पीठ को बिस्तर न मिलता। कितना कुछ झोंक दिया जाता है हमारी आँखों में, कानों में ठूँस दी जाती हैं सीता और दमयन्ती। इसी बीच यह किताब बनी। जीवन में कुछ धैर्यवान लोगों के कारण यह किताब बनी, जिन्होंने जीवन में धैर्य रखना सिखाया। प्रकाश आडवानी, सिमरन आडवानी, अक्षर आडवानी, डॉ. अशोक विज, रुचिता कपूर, वीरू सोनकर, बाबुषा कोहली और रुपम मिश्र, ये सब लोग जीवन से जुड़े रहे, सुख–दुःख में मेरे साथ रहे, तभी यह किताब बन सकी।

कविता मुझमें किसी तुंग शिखर का अभिमान नहीं भरती, कविता मुझे सिखाती है कि कैसे मैं एक टूटी चप्पल पहनकर भी पर्वत चढ़ सकती हूँ। कविता का गोत्र है प्रेम। कविता दारुण दुःख में भी हमें अपने दुःखों से प्रेम करना सिखाती है। एक समय अगर आप महसूस कर सकें कि कविता ही आपके तकिये में तब्दील हो रही है, जगह ले रही है सुखों की, बन रही है वायु, कविता में ही उतरकर पहुँच रहे हैं मत्स्यकन्या तक, कविता में ही चढ़कर पहुँच रहे हैं शिव तक, कविता आपके पानी में घुल रही है, सूख रही है प्यास में तो हमें समझ जाना चाहिए कि कविता भी आपके प्रेम में है।